短学期实践指南

——湖北工业大学实践育人探索成果

主　编：龚发云

参　编：张高文　吕　栋　王德发　张道德

华中科技大学出版社
中国·武汉

内容简介

本书系统全面地介绍了湖北工业大学十年来开展短学期实践的发展历程和宝贵经验。全书分为上下两篇：上篇介绍了学校推动短学期实践走深走实的系列举措与实施流程；下篇按社会实践类、实习实训类、科技创新类三个大类，摘录了学校部分学子短学期实践的优秀案例。

通过阅读本书，学生可以了解高校实践育人工作的重要性和具体实施方法，进一步认识国情、了解社会、提升自我，为自身的健康成长与全面发展奠定基础。同时，本书也为高校实践育人工作提供了一些有益的建议和思考，对推动高校实践育人工作的深入发展具有积极的意义。

图书在版编目(CIP)数据

短学期实践指南：湖北工业大学实践育人探索成果/龚发云主编．—武汉：华中科技大学出版社，2023.12
ISBN 978-7-5772-0328-7

Ⅰ.①短… Ⅱ.①龚… Ⅲ.①湖北工业大学-教育工作-研究 Ⅳ.①G649.2

中国国家版本馆 CIP 数据核字(2023)第 236090 号

短学期实践指南——湖北工业大学实践育人探索成果　　　　　　　　龚发云　主编
Duanxueqi Shijian Zhinan—Hubei Gongye Daxue Shijian Yuren Tansuo Chengguo

策划编辑：王　勇	
责任编辑：王　勇	
封面设计：廖亚萍	
责任监印：周治超	
出版发行：华中科技大学出版社(中国·武汉)	电话：(027)81321913
武汉市东湖新技术开发区华工科技园	邮编：430223
录　　排：武汉三月禾文化传播有限公司	
印　　刷：武汉科源印刷设计有限公司	
开　　本：710mm×1000mm　1/16	
印　　张：11.5	
字　　数：171 千字	
印　　次：2023 年 12 月第 1 版第 1 次印刷	
定　　价：35.00 元	

本书若有印装质量问题，请向出版社营销中心调换
全国免费服务热线：400-6679-118　竭诚为您服务
版权所有　侵权必究

序

  党的十八大以来,以习近平同志为核心的党中央高度重视实践育人工作,强调实践育人是新时代教育和教学工作的重要组成部分,是全力推动新时代育人工作迈上新台阶的强大动力。

  湖北工业大学(简称湖工大)于2013年年底开始实施短学期实践,这是学校党委深入贯彻党的十八大精神,准确把握学校人才培养需要与人才成长规律,落实立德树人根本任务,为推动"721"人才培养模式改革,培养创新创业及实践能力强的高素质应用型人才,经过集体研究作出的重要决策。学校从一开始就坚持育人导向,注重系统设计,整体推进,持续完善。在10年20次的实践中,我与大家一起见证了短学期实践的发展,通过到学生实践现场观看、到班级参加学生答辩考核、召开座谈会等方式,见证了同学们在实践中的成长与收获,这让我倍感欣慰,也让我觉得走这条路是非常正确、有效的。

  同时,我们也期望短学期实践发挥更大、更实的育人功效,为此,我们不断总结,不断深化育人内涵,不断丰富实践内容,不断完善体制机制,不断追求高质量实践育人,确立了遵循"三全育人""五育并举"教育理念,将思政教育贯穿短学期实践,坚持"四走两融合"的实施路径,提升实践质量的短学期实践2.0版,以期进一步丰富企业社会资源,加强教师指导,规范教学运行,完善制度保障。

  当前,全校上下正在全力落实学校第三次党代会精神,为实现学校"十四五"本科人才培养质量进入全国高校百强的奋斗目标努力前行。我深知短学期实践育人对于学校综合改革的重要作用,对于人才培养所具有的战略性地位,期望短学期实践能在抓好"四个聚焦",大力推动"四个融合",扎实推进"四大工程"的过程中发挥桥梁和纽带作用,通过短学期实践获得"百般红紫共芳菲"的多赢效果,实现产学研深度整合,为确保"四个走在前列"作出积极贡献。

为了让大家充分了解学校短学期实践发展路径,准确把握育人目的与内涵,快速熟悉短学期实践的开展过程与实施内容,切实推动短学期实践2.0版的有效实施,我们编写了《短学期实践指南——湖北工业大学实践育人探索成果》,分上下两篇成体系地进行了系统的介绍,我们也会在后续的实施中不断丰富与完善本书。

湖北工业大学党委书记 彭育园

2023 年 10 月 16 日

目录

上篇 短学期实践活动指导

第1章 绪论 / 3

 1.1 实践与育人 / 3

 1.2 实践育人与工程教育 / 4

 1.3 实践育人的政策支持 / 5

 1.4 实践育人呼唤短学期实践 / 7

 1.5 短学期实践在湖北工业大学的发展 / 8

第2章 短学期实践体系 / 10

 2.1 短学期实践体系设计思路 / 10

 2.2 学期学分设置 / 11

 2.3 短学期实践内容 / 11

 2.4 短学期实践实施策略 / 15

 2.5 短学期实践思政育人 / 17

第3章 短学期实践资源及平台建设 / 20

 3.1 短学期实践项目资源拓展 / 20

 3.2 短学期实践平台建设 / 23

第4章 短学期实践路线图及过程管理 / 25

 4.1 短学期实践路线图 / 25

4.2　短学期实践过程管理 / 27

4.3　短学期实践考核 / 34

第5章　短学期实践保障体系 / 36

5.1　加强学校组织领导 / 36

5.2　加强学校制度建设 / 36

5.3　加大短学期经费与指导教师工作量核算支持 / 37

下篇　短学期实践优秀案例

社会实践类 / 41

　　立足实践，食光前行 / 章运欣　41

　　Hi,HBUT 你好,湖工大！——湖工大双语短视频的制作 / 刘傲然　44

　　以志愿之行书写青春华章 / 文　倩　47

　　讲支教故事，传湖工大精神 / 张　聪　50

　　无悔红安行，不负志愿蓝 / 冯书楠　52

　　同心合力，为爱上色 / 连翊渲　55

　　于道各努力，千里自同风 / 魏良慧　58

　　山间童年，青春盛夏 / 侯雯静　62

　　支教路上，照亮孩子的未来 / 方欣媛　65

　　因为爱而奉献，因为奉献而快乐 / 安泉波　68

　　绿水青山就是金山银山 / 孔　婷　71

　　小城夏天，我们一起守护朝阳 / 汪宇琴　74

　　星轨遍布天际，我们未来再见 / 潘诗宇　77

　　以脚步丈量祖国大地，用内心感受时代脉搏 / 卢新宇　81

教育之路始于足下,青年实践千里之行 / 赵逸阳　84

入户走访听民声,乡村振兴齐献策 / 向梦旭　88

打开"世界之窗"——2022暑期"三下乡"支教活动 / 任秋洁　90

海草房开启我的生态规划研究之旅 / 隋　艺　93

实习实训类 / 96

走进安永服务国家"双碳"绿色发展战略 / 高子轶　96

美丽乡村,艺术赋能 / 李凤展　98

做好实践,领悟"四学" / 夏启航　100

用足迹探寻社情民意,怀初心彰显青春担当 / 余　婷　102

追梦不负青春,奋斗不负韶华 / 崔俊鹏　105

美丽乡村,艺术赋能 / 郭亦胡　108

青春,步履不停——记麻城"数商兴农"实践活动 /
　　　　　　　　　　　　　　张思涵　杜新锦　胡　菊　111

仲夏初芒,七月未央 / 胡学芯　114

与传统纹样的"现代相遇" / 赵佳蕾　117

倾听生命拔节的声音 / 陈宇涵　龙靖怡　119

学好专业知识,助力乡村振兴 / 郭志豪　122

不一样的夏日,青春无惧考验 / 李义豪　125

我的2022年夏季短学期实践 / 徐国涛　128

于无声处起惊雷 / 王思儒　130

在实践中淬炼青春 / 沈　甜　133

科技创新类 / 136

耕"郧"种"数",点亮乡村 / 刘彦雨　赵　峥　税典阳　136

今夜星月交辉,明日阳光明媚／ 徐千菁　140

在竞赛中渲染青春之色／ 李文洁　143

以赛促研助成长／ 李志宇　146

"壳"起未来,虾壳固废变身可降解塑料的引航者／ 张志超　149

支教是一场双向的邂逅／ 李梦璟　152

脚踏实地,砥砺前行／ 胡海曼　154

实验室打工仔变形记／ 胡　宵　157

绿色在我手中／ 杨　琳　160

奋斗青春,且歌且行／ 吴鑫鑫　163

奋斗青春,有你同行／ 程　凡　166

牛刀小试,关关难过关关过／ 黄玉娇　169

在实践中学习、成长、感悟／ 喻春风　172

参考文献／ 175

后记／ 176

上篇

短学期实践活动指导

第1章 绪　论

1.1 实践与育人

实践是人能动地改造世界和实现自我的客观性物质活动。马克思主义哲学以实践作为自己首要的、基本的观点,认为教育与生产劳动相结合是提高社会生产的一种方法,也是造就全面发展的人的唯一方法。毛泽东在《实践论》中也高度阐释了实践对认识的重要性,指出"无论何人要认识什么事物,除了同那个事物接触,即生活于(实践于)那个事物的环境中,是没有法子解决的。"习近平总书记指出:"时代是思想之母,实践是理论之源。实践发展永无止境,我们认识真理、进行理论创新就永无止境。"

实践是变革世界的客观物质活动,但从事实践的人是有目的、有立场、有价值导向的。实践的最终目的是满足实践主体的需要,因而实践观必然包含价值性和方向性。立德树人是高校的根本任务,高校从事实践活动的价值导向理应与这一根本任务一致,实践理应承担着育人功能。实践与育人之间存在着天然的紧密联系。

那么实践育人的具体内涵是什么呢？教育从本质上来说是培养人的一种社会实践活动。实践育人是一种教育理念,是以马克思主义实践观为方法论,以党的教育方针为宗旨,遵循教育教学与人才成长规律,构建起的与理论教育深度结合的实践性强的人才培养模式。开展成体系的有针对性、层次性、多样化的实践活动,能够帮助学生将知识、见识内化为能力,升华为素养,提高学生的综合素质。

党的十八大以来,以习近平同志为核心的党中央高度重视实践育人工作。实践育人是新时代教育和教学工作中的重要内容,是全力推动新时代育人工作迈上新台阶的强大动力。通过实践育人,学校可以帮助学生认识国情、了解社会、提升自我,为青年学生的健康成长与全面发展奠定基础,也为实践育人赋予了更广泛更深厚的内涵。

1.2 实践育人与工程教育

工程科技改变世界,工程教育领跑创新。工程教育作为高等教育的重要组成部分,在高等教育体系中"三分天下有其一"。自第一次工业革命诞生到第四次工业革命,工程教育经历了起源、转向专业教育、回归实践三个阶段。工程教育与产业发展紧密联系,相互支撑,实践是工程教育的最本质特征。

面对新一轮科技革命和产业变革,为推动工程教育改革创新,我国从2017年起开始实施"新工科"建设,通过树立创新型、综合化、全周期工程教育"新理念",构建新兴工科和传统工科相结合的学科专业"新结构",探索实施工程教育人才培养的"新模式",打造具有国际竞争力的工程教育"新质量",以期建立完善中国特色工程教育的"新体系",促进学生的全面发展,把握"新工科"人才的核心素养,强化工科学生的家国情怀、全球视野、法治意识和生态意识,培养学生的设计思维、工程思维、批判性思维和数字化思维能力,提升学生的创新创业、跨学科交叉融合、自主终身学习、沟通协商能力和工程领导力,最终实现从工程教育大国向工程教育强国的跨越。

因此,在工程教育中更需要发挥实践育人作用。

实践育人的政策支持

我国一直高度重视实践育人工作,为推进实践育人工作,出台了一系列的政策。

2012年1月,教育部、中宣部、财政部等七部门联合发布《教育部等部门关于进一步加强高校实践育人工作的若干意见》(教思政〔2012〕1号),提出高校要切实改变重理论轻实践、重知识传授轻能力培养的观念,注重学思结合,注重知行统一,注重因材施教,以强化实践教学有关要求为重点,以创新实践育人方法途径为基础,以加强实践育人基地建设为依托,以加大实践育人经费投入为保障,积极调动整合社会各方面资源,形成实践育人合力,着力构建长效机制,努力推动高校实践育人工作取得新成效、开创新局面。文件从实践育人总体工作规划、实践教学环节设计、实践教学方法改革、实践育人队伍建设等方面提出明确要求,指出实践教学是学校教学工作的重要组成部分,是深化课堂教学的重要环节,是学生获取、掌握知识的重要途径,并且强调高校要把组织开展社会实践活动与组织课堂教学摆在同等重要的位置,与专业学习、就业创业等结合起来,制订学生参加社会实践活动的年度计划。

2017年2月,中共中央、国务院印发了《关于加强和改进新形势下高校思想政治工作的意见》(中发〔2016〕31号),指出要坚持党对高校的领导,加强和改进思想政治工作,培养中国特色社会主义合格建设者和可靠接班人。同时,提出坚持全员全过程全方位育人的原则,要求把思想价值引领贯穿教育教学全过程和各环节,并指出要强化社会实践育人,提高实践教学比重,组织师生参加社会实践活动,完善科教融合、校企联合等协同育人模式。

2019年10月,教育部发布《教育部关于深化本科教育教学改革全面提高人才培养质量的意见》(教高〔2019〕6号),提出:把思想政治教育贯穿人才培养全过程,坚持把立德树人成效作为检验高校一切工作的根本标准,用习近平新时代中国特色社会主义思想铸魂育人,加快构建高校思想政治工作体系,推动形成"三全育人"工作格局;要进一步改进实习运行机制,强化实践育人,深化产教融合、校企合作,建成一批对区域和产业发展具有较强支撑作用的高水平应用型高等学校;要深化创新创业教育改革,挖掘和充实各类课程、各个环节的创新创业教育资源,强化创新创业协同育人,建好创新创业示范高校和万名优秀创新创业导师人才库。

2020年3月,中共中央、国务院印发了《关于全面加强新时代大中小学劳动教育的意见》,提出要充分认识新时代培养社会主义建设者和接班人对加强劳动教育的新要求、要全面构建体现时代特征的劳动教育体系、广泛开展劳动教育实践活动、着力提升劳动教育支撑保障能力、切实加强劳动教育的组织实施。同时指出,普通高等学校要明确劳动教育主要依托课程,其中本科阶段不少于32学时。就劳动教育内容要求,指出高等学校要注重围绕创新创业,结合学科和专业积极开展实习实训、专业服务、社会实践、勤工助学等,重视新知识、新技术、新工艺、新方法应用,创造性地解决实际问题,使学生增强诚实劳动意识,积累职业经验,提升就业创业能力,树立正确择业观,具有到艰苦地区和行业工作的奋斗精神,懂得空谈误国、实干兴邦的深刻道理。

总之,加强高校实践育人工作,是全面落实党的教育方针,把社会主义核心价值体系贯穿于国民教育全过程,深入实施素质教育,大力提高高等教育质量的必然要求。进一步加强高校实践育人工作,对于不断增强学生服务国家、服务人民的社会责任感,勇于探索的创新精神和善于解决问题的实践能力,具有不可替代的重要作用。

1.4 实践育人呼唤短学期实践

湖北工业大学作为一所以工科为主的地方多科性大学,于 2012 年第二次党代会确定实施"721"人才培养模式改革,明确培养创新创业和实践能力强的高素质应用型人才。

要培养创新创业及实践能力强的高素质应用型人才,根本是要提高实践育人的质量,常规的教学学期和学校现有的资源无法满足培养需要,必须在时间、空间、资源等方面进行拓展。为此,学校从 2013 年年底开始推行短学期实践教育活动。在期末考试结束后,专门增加 2 周的时间用于开展实践教育活动,活动的内容明确分为社会实践类(了解社会、融入社会、研究社会)、实习实训类(常规教学实习、非常规专业实践、职业技能培训)、科技创新类(学科竞赛、创新创业、课题研究)三大类九小类。在实施空间与资源方面,坚持校外与校内结合、以校外实践为主,多途径推进实践教育活动。在体制机制上,学校成立由分管副校长为组长,教务处、学工部、团委、宣传部四部门主要负责人为成员的领导小组,全面统筹实践活动。各学院成立由院长、教学副院长、学工副书记牵头的实践教育工作小组,把实践教育工作纳入重要议事日程,统筹安排,制定周密可行方案,并在实施结束后,开展班级答辩考核,总结推优。可以说,这是学校经过慎重考虑后作出的针对人才培养的战略决策,是经过科学谋划、系统设计、全力推动的一项重要举措。

1.5 短学期实践在湖北工业大学的发展

经过两次实施与总结,学校于2014年年底出台了《湖北工业大学关于加强实践育人工作的实施意见》,提出每年增设2个实践学期,简称"短学期",调整学年设置,开始实施"二长二短"四学期制,即采用"18+2+18+4"的学期模式,设置冬季短学期2周、夏季短学期4周,集中时间引导学生在校期间分不同阶段围绕不同主题开展短学期实践活动。

经过4年的实践探索,到2018年构建起"教师项目制与学生自主实践相结合"的二元岗位供给、三大类(内含九小类)实践内容、七个学期分层实施的"二三七"短学期实践育人模式,形成了"面向全体,分层分类实践,结合专业,强化实践"的育人特色,并且实现基于"校友邦"平台的信息化过程管理。2018年,学校正式将短学期实践纳入人才培养方案,融入人才培养体系。

2020—2021年,学校通过召开座谈会、走访调研,对短学期实践进行系统总结,于2021年5月确定遵循"三全育人""五育并举"教育理念,打造将思政教育贯穿短学期实践,坚持"四走两融合"(即"走出课堂、走出校园、走向社会、走进企业;深度融合学生职业生涯规划,深度融入生产、科研、实践")的实施方式,以期进一步丰富企业社会资源,加强教师指导,规范教学运行,完善制度保障,提升实践质量,使短学期实践在德智体美劳教育中发挥更大作用。

截至目前,学校已开展10年20次短学期实践活动,全校学生累计参与人次超过30万。短学期实践也成为学校一堂最大的社会实践课、一堂最大的双创课、一堂最大的国情思政课。

学生根据年级与专业,通过参加各层级各类别的渐进式的短学期实践活动,有效提升了实践动手能力、沟通能力和解决问题的能力。同时,通过实践,提升了品质修养,开阔了视野,增强了责任感和担当意识。根据第三方对毕业学生展开的问卷调查,学生对短学期实践总体满意度达到90%以上,学生普遍认为学校增设短学期实践,让他们能力得到了进一步提升,收获满满。

  湖工大短学期实践的成功实施,受到新闻媒体的广泛关注与报道,《光明日报》《中国教育报》《湖北日报》等主流媒体多次对此进行了宣传报道。通过工程教育专业论证的18个专业进校考察专家对学校短学期实践给予了高度评价。学校主要负责人多次受邀到中国高等教育学会等单位举办的高级别会议上介绍开展短学期实践的经验。国内多所高校先后对湖工大实践教学改革进行调研。以湖工大为原型优化的"校友邦"平台,推广到湖北、浙江等25个省市500多所高校,共有几百万在校生在使用,该平台日活跃用户达10万人以上。"校友邦"平台的应用,促进学生进行跨地区、跨学校、跨专业学习,实现了实践教学流程数字化、管理标准化、指导精准化和反馈及时化。

第 2 章　短学期实践体系

2.1　短学期实践体系设计思路

实践育人的根本任务是培养具有社会责任感、创新精神和实践能力的人才。杨叔子院士与张福润在《创新之根在实践》中提到,"高素质的形成,创新能力的造就,离不开学习是基础、思考是关键、实践是根本"。因此,短学期实践要遵循教育发展规律和人才成长规律,把握实践育人内涵,构建科学合理的实践体系,强化实践教学有关要求,创新实践育人方法途径,以此为突破口,推动高校实践育人工作取得新成效、开创新局面。

短学期实践体系的合理设计是开展短学期实践教学的基础,设计应做到可行、可落实,同时遵循以下原则。

(1) 符合学校办学定位,支撑学校创新创业和实践能力强的高素质应用型人才培养目标的实现,短学期实践纳入各专业人才培养方案。

(2) 凸显实践思政育人功能,贯彻落实"三全育人",把思想价值引领贯穿实践教学全过程。

(3) 实践内容体系设计有梯度,体现层次性、衔接性,符合学生成长和教学规律;处理好与专业实践、劳动教育实践等的关系。

（4）实践过程管理精准，有相应机制以确保学生全员参与，有评价考核标准以促进目标达成。

（5）实践有系列保障机制。学校提供专项经费支持，对教师指导工作量、学生学分进行认定，确保短学期实践的可持续性；建立学院和各职能部门协同机制，保证短学期实践高质量运行。

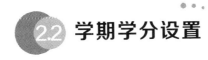

2.2 学期学分设置

1. 学期设置

学校实行春、夏、秋、冬"二长二短"四学期制。其中，春、秋季学期原则上按 18～19 周安排教学，最后 1 周为考试周；专设夏、冬季 2 个实践学期（简称短学期），分别为 4 周和 2 周，以项目为载体集中开展短学期实践。

2. 学分设置

短学期实践每周计 0.5 学分，冬季短学期一般为 1 学分，夏季短学期最多计 2.5 学分，大学四年内每名学生应完成 7 次短学期实践，总计 10 学分。短学期实践学分超过 10 学分的部分，可以冲抵专业任意选修课及公选课学分，但冲抵学分最多不得超过 3 学分。

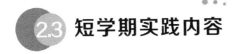

2.3 短学期实践内容

短学期实践以学生为中心，开展基于项目的实践活动，为学生营造自我体验、自主学习、自由创造的环境,让学生在做中验、做中学、做中创,实现知识→能力→素养的潜移默化地转化升华。通过整合学生在学期间各类实践活动,考虑实践活动的全面性、活动之间的关联性、层次性,将短学期实践活动的内容设计为三大类九小类。

2.3.1 社会实践类

1. 了解社会

目的与要求:走向社会,走向基层,了解国情民情,感受生活实际,涵养家国情怀,厚植责任与担当,坚定理想和信念。要求学生通过视频、照片、文字等形式记录学习、认识过程,完成认识或见习报告。

实践内容主要包括:

(1) 社会实践调查:深入社区、乡村、工业园区、行业企业,就民生、教育、医疗、环境、卫生、文化、科技等领域发展或存在的问题,开展走访调查、学习参观等活动。可由校团委、学工部统一组织学生团队有针对性地开展相关调查活动,或学生在教师指导下组建团队开展社会实践调查活动。

(2) "青年红色筑梦之旅"活动:围绕党和国家正在开展的主题教育活动,走进革命老区,重温革命前辈伟大而艰辛的创业史,接受思想洗礼、学习革命精神、传承红色基因。

2. 融入社会

目的与要求:在对社会某一领域有一定认知的基础上,在与人民群众建立一定联系的基础上,主动融入社会集群生活和交流,深入开展实践锻炼和劳动教育,磨砺意志品格,培养和锻炼适应社会、服务社会的实际能力。要求学生通过视频、照片、文字等形式记录体验与服务的过程,最终完成实践总结报告。

实践内容主要包括:

（1）志愿服务活动：围绕扶弱帮困、助残敬老、美丽家园等主题，依托文化科技卫生"三下乡"活动、"青马工程"实践、学生社团活动，深入开展各类社会公益及志愿服务、政策宣讲活动。

（2）劳动教育实践：以增强诚实劳动意识，积累职业经验，提升就业创业能力，树立正确择业观为目的，走向社会，开展勤工俭学、兼职锻炼等校外劳动实践，同时关注实践过程中兼职行业的发展，利用所学知识，能提出一些较好的建议，形成深刻见解。

3. 研究社会

目的与要求：经过一定的实践锻炼，在对社会或某个行业领域有一定认知的基础上，聚焦其中焦点问题，深入开展专题调研，培养分析问题和解决实际问题的能力，全面提升综合素养，最终完成高质量的研究报告或公开发表相关论文。

实践内容主要包括：

（1）社会发展调研：聚焦社会经济发展热点，提出问题，通过深入乡村、社区、街道，深入开展实地调查研究，找准问题所在的原因，通过科学分析，得出真实结论，并能提出合理、可行的建议与对策。

（2）行业发展调研：聚焦专业相关行业企业的发展，提出问题，通过深入工业园区、行业企业，深度了解、调研行业企业发展趋势、产品生产、市场需求等，通过科学分析，得出真实结论，并能提出合理、可行的建议与对策。

2.3.2 实习实训类

1. 常规教学实习

目的与要求：按照本专业人才培养方案，深入与专业相关的企事业单位，开展与专业相关的实习实践活动，了解和掌握企业产品生产工艺原理及方法、运营管理或各类实操流程，养成遵守职业规范的习惯，提升实践动手能力。要求学生做到理论与实践相结合,按实习教学大纲有关要求完成各项任务,形成实习报告。

实践内容主要包括:认识实习、生产实习、毕业实习、专业写真或政务实习等,其中要注重各层级实习的层次性、衔接性,以关注、了解、学习解决复杂工程问题为实践导向。

2.非常规专业实践

目的与要求:深入本专业相关企事业单位,开展实践拓展活动,注重实操性,进一步增强专业认知,提高专业实践能力。要求学生自主或在教师指导下完成实践任务,并结合拓展实习完成总结报告。

实践内容主要包括:根据自身职业生涯规划所需,主动寻找企事业单位开展专业相关的实践,或者在专业教师指导下深入企事业单位等开展实操性的实践活动。要避免实践内容与常规实习内容重复,注重知识的应用,在做中学,做中悟。

3.职业技能培训

目的与要求:学生结合未来职业发展规划,参加各类职业技能培训或考试鉴定,提高职业技能水平,提升综合竞争力。要求学生通过学习和培训,取得阶段性成果或相应的资格证书,或通过相应的考试测评。

实践内容主要包括:根据职业发展或专业发展需要,参加教师资格证考试培训、各类就业技能培训、创业培训等。

2.3.3 科技创新类

1.学科竞赛

目的与要求:积极参加学校、学院组织的各类学科竞赛,巩固专业理论知识,提升知识综合运用能力、实践能力和创新能力,培养团队合作意识与沟通交流能力。要求以赛促学,形成参与竞赛项目的总结或报告。

实践内容主要包括:参加《湖北工业大学学科竞赛指南》(简称《学科竞

赛指南》)竞赛项目,完成相关校赛的选拔、培训与参赛,以赛促学、以赛促练、以赛促创。要求学生在校期间参加1项赛事,确保一生一赛,取得一定的竞赛成绩。

2. 创新创业

目的与要求:积极开展创新创业实践活动,培养创新精神、创业意识,提升创新创业能力。要求学生按项目计划进度安排完成相应的工作,大创项目实现按期结题,其他项目提供总结报告。

实践内容主要包括:参加教务处组织的大学生创新创业训练计划项目、团委组织的各类创新实践,参加学校大学生创业园项目、创业团队开展的或自主开展的创业活动等。

3. 课题研究

目的与要求:积极开展专业相关课题研究,培养严谨的科学态度和团队合作精神,树立创新意识,提高科研创新能力和综合实践能力。要求学生按课题研究任务安排,完成相应的工作并取得一定进展,最终完成研究报告或论文。

实践内容主要包括:参加专业教师的科研课题研究,依托教师或在教师指导下开展自选课题研究。

2.4 短学期实践实施策略

学生在校期间不同阶段认知不同,应围绕不同主题开展实践活动,原则上从大学二年级开始实践活动须与专业相关,结合以上三大类九小类实践内容,七个短学期实践要求如下。

(1) 第1学期——冬季短学期(2周):围绕"规划自我、接触社会"的主题展开,主要安排社会实践调查、"红旅"活动、志愿服务活动、勤工俭学、一般性劳动实践、学科专业拓展教育等。

(2) 第2学期——夏季短学期(4周):围绕"深入接触、研究社会"的主题展开,主要结合当今社会改革热点,开展各类社会实践或行业发展调研、政策宣讲、志愿服务、一般性劳动实践、"三下乡"活动、"青马工程"实践等活动。

(3) 第3学期——冬季短学期(2周):围绕"认识专业、体验社会"的主题展开,主要开展专业教育(含认知实习)、专业相关调研与实践、学科竞赛培训、大学生创新创业教育与训练等活动。

(4) 第4学期——夏季短学期(4周):围绕"结合专业、研究社会"的主题展开,主要安排实习实训、大学生创新创业训练、学科竞赛等以团队形式为主的与专业相关的实践活动。

(5) 第5学期——冬季短学期(2周):围绕"深入专业、强化能力"的主题展开,主要安排专业相关企业实践、学科竞赛、课题研究、大学生创新创业教育与训练、职业技能培训等活动。

(6) 第6学期——夏季短学期(4周):围绕"扎根专业、实践创新"的主题展开,主要安排以"集中管理的分组实习"为主的专业实习、大学生创新创业训练、课题研究、学科竞赛、国内外游学访学等活动。

(7) 第7学期——冬季短学期(2周):围绕"运用专业、全面提升"的主题展开,主要安排毕业实习、就业实践、课题研究、职业技能鉴定培训等活动。

除上述实践安排之外,各专业可结合学科专业特点,学生可以结合自己的实际情况和兴趣爱好,自行设计部分短学期实践活动。凡学生想自行设计短学期实践活动的,须事先向学院申请,获批后方能实施。

2.5 短学期实践思政育人

根据中共中央办公厅、国务院办公厅印发的《关于深化新时代学校思想政治理论课改革创新的若干意见》、教育部印发的《高等学校课程思政建设指导纲要》等文件精神,全面落实立德树人根本任务,积极挖掘短学期实践思政育人元素,丰富思政育人内容,将短学期实践作为思政课程与课程思政的有效巩固和延伸,努力打造短学期模式下的大学生思想政治教育创新品牌和实践特色,努力在全国取得较好的大学生思想政治教育工作示范效应。

2.5.1 实践思政育人关联矩阵

结合短学期实践三大类九小类内容,围绕学生社会主义理想信念、爱党爱国情怀、团队友善精神、文化交流能力、创新创业能力培养和规则法纪意识树立,基于OBE教育理念,构建短学期实践与思政育人关联矩阵,将思政育人贯穿于短学期实践全过程,如表2.1所示。

2.5.2 实践思政育人队伍建设

推进以马克思主义学院思政理论课教师和各学院学工辅导员为主的思政导师与专业教师相结合的双导师制,建好对接机制。马克思主义学院按照各学院本科专业及学生人数比例,结合思政课程教学所对口学院的匹配情况,将全院教师分配至各学院,每个小组中安排1名教师作为联络人。要求各学院做好对接工作,教学副院长亲自统筹,通过邀请对口分配的马克思主义学院老师以召开座谈会的方式,了解老师们的指导意愿,明确每位马克思主义学院老师对口指导的专业和过程指导方式,安排相应专业负责人与马克思主义学院老师做好对接,确保对接落实下去,衔接好。

表 2.1 短学期实践与思政育人关联矩阵

实践环节		思政育人						实现途径
		理想信念	爱党爱国情怀	团队友善精神	文化交流能力	规则法纪意识	创新创业能力	
社会实践	了解社会	H	H	L	L	M	L	聚焦社会热点,开展走访调查活动、"青年红色筑梦之旅"活动、思政类课程实践
	融入社会	H	H	H	M	M	L	各类社会公益、志愿服务、政策宣讲、勤工俭学、劳动实践
	研究社会	H	H	M	M	H	L	聚焦社会改革、专业行业发展,深入开展各类调研活动
实习实训	常规教学实习	M	M	L	M	H	H	开展专业认识实习、生产实习、毕业实习
	非常规专业实践	M	M	L	M	H	H	自主或在教师指导下开展各类实习实践拓展活动
	职业技能培训	M	H	L	M	M	M	参与各类职业技能培训与考试鉴定
科技创新	学科竞赛	M	M	H	H	M	H	参与校院各类学科竞赛活动
	创新创业	M	M	H	M	M	H	参与大创项目、创业实践
	课题研究	M	M	H	H	M	H	依托教师科研课题或自选课题,开展专业相关课题研究

注:H、M、L 分别代表强相关、相关、弱相关。

2.5.3 将思政育人融入实践全过程的项目设计与指导

坚持强化思政实践育人导向；坚持"四走两融合"的实施路径；坚持问题导向，每位马克思主义学院老师在参与项目设计中，要聚焦思政课程教学和实践育人要求，提出三个思政问题，报马克思主义学院汇总；要将社会主义理想信念、爱党爱国情怀、团队友善精神、文化交流能力、规则法纪意识和创新创业能力六个方面的元素融入项目的设计原则。从三个方面做好项目设计。

一是马克思主义学院老师结合对口专业特点和学生年级层次，围绕党和国家发展战略与社会需求、区域发展战略、党史学习教育等主题设计一些有价值引领、有层次性且实践性强的项目，报给各自对口学院的教学办，并报马克思主义学院备案，协助各学院组织学生参与项目申报，指导学生带着思政问题走进乡村社区、厂矿企业去认识社会、了解社会、研究社会，帮助学生在实践中树立正确的世界观、人生观、价值观，扣好人生成长关键阶段的"纽扣"。

二是马克思主义学院老师与专业老师一道，共同设计题目，以专业老师的项目为主，商讨融入实践育人元素，随同专业老师一道到企业等实践单位参与指导，让学生带着思政问题参与实践，协同专业老师做好周日志与实践报告批阅工作，当学生在实践中遇到困难、挫折时应能及时发现并给予指导，帮助学生在实践中总结、凝练成长收获，在增长见识中提升思想境界。

三是非马克思主义学院老师参与的项目也应注重思政育人，借鉴课程思政的建设思路，融入六个方面的育人元素，让学生在实践中增长智慧才干、增强创新创业和实践能力的同时，涵养品德，提升素养。

马克思主义学院老师要参加对口专业的班级答辩考核，听取学生的答辩，针对思政育人提出相关问题，帮助学生凝练实践收获，给予专业指导意见。

第 3 章　短学期实践资源及平台建设

 短学期实践项目资源拓展

短学期实践项目资源是短学期实践的"牛鼻子",短学期实践的普及在很大程度上依赖于实践项目资源的提供。根据短学期实践"四走两融合"的要求,只有拓展校外实践资源,才能引导学生走出课堂、走出校园、走向社会、走进企业,实现"扎根湖北、服务湖北,办应用型工业大学"的目标。学校相关职能部门、学院和指导教师均应积极拓展实践项目资源,尤其是校外实践项目资源,力争达到"两个确保":一是确保能满足本学院至少 30% 的学生开展校外实战性实践(企业非参观式实践)的岗位需求;二是确保实战性岗位数占学院岗位供给总数 50% 以上的要求。

3.1.1　校外实践项目资源拓展

校外实践项目资源拓展要采取各学院分片包干责任制,各学院结合自身学科与专业特色优势,主动对接地市州政府就业或人才办,及时了解各地相关产业发展与人才政策,充分利用各地产业研究院,充分利用"三百工程"(百名博士入百乡进百企),组织教师主动走进企业,拓展实践项目资源,以科研为纽带为学生实习实践和参与课题研究提供机会。各学院短学期实践资源拓展的负责片区划分如表3.1所示。

表3.1 各学院短学期实践资源拓展的负责片区划分

序号	学院	负责地区
1	机械工程学院	武汉市(不含江岸区、江夏区)
2	电气与电子工程学院	襄阳市
3	材料与化学工程学院	荆州市(不含市区、公安)、汉川
4	生物工程与食品学院	孝感市和荆门市漳河新区
5	土木建筑与环境学院	荆州市、恩施自治州
6	计算机学院	随州市
7	艺术设计学院	荆门市(不含漳河新区)
8	工业设计学院	大冶
9	经济与管理学院	黄冈市、十堰市郧阳区
10	马克思主义学院	荆州市
11	外国语学院	咸宁市、武汉市洪山区
12	理学院	黄石市(不含大冶)
13	职业技术师范学院	武汉市(江岸区、江夏区)
14	底特律绿色工业学院	鄂州市

各学院应利用已有的实习实践资源、校企合作资源、学生自主联系的企业资源等,在保证安全的前提下组织学生就近开展分散形式的专业实习。同时,教师要结合自己的科研项目,为学生提供参加各种实践的机会。

学生要主动关注社会发展,深入社区、乡村、工业园区、行业企业,就民生、教育、医疗、环境、卫生、文化、科技等领域发展,寻找问题,形成社会实践调查调研项目;也可利用自身社会资源,就地就近走访企业,发掘和形成短学期实践项目。

学校教务处全面统筹各学院反馈的非本学院校外实践资源,在学校平台统一发布,供全校师生选择;同时学校相关职能部门应在"三下乡"活动、"青马工程"实践、"我选湖北"计划等的基础上,进一步拓宽实践资源,扩大学生参与面。通过拓展校外实践项目资源,有序组织学生开展社会实践、专业实习实践、科技创新等活动。校外社会实践项目、校外专业实习实践、校外科技创新资源拓展内容,如表3.2、表3.3、表3.4所示。

表 3.2 校外社会实践项目资源拓展

实践项目资源	负责人或单位
各学院社会实践服务社团或团队的志愿服务项目	学工部、校团委、各学院学工办
"三下乡"活动	校团委、各学院学工办
"青马工程"实践	校团委、各学院学工办
"青年红色筑梦之旅"活动	各学院学工办
思政类社会调查调研	马克思主义学院
勤工俭学或兼职锻炼等劳动实践	自主联系、各学院学工办审核

表 3.3 校外专业实习实践资源拓展

实践项目资源	负责人或单位
专业常规性教学实习	各专业负责人或系主任
非常规专业实践	各学院实行分片包干制
自主实操性实践活动	专业导师/教师
职业技能培训	自主联系、各学院学工办审核

表 3.4 校外科技创新资源拓展

实践项目资源	负责人或单位
大学生创新创业训练项目	教务处、专业教师
教师校企合作项目	专业教师

3.1.2　校内实践项目资源拓展

校内实践项目主要包括依托校院两级创新实践基地开展的学科竞赛、校内实验室进行的综合性、创新性实验项目或在校内实践基地进行的实践性项目。

通过拓展校内实践项目资源,广泛组织学生开展学科竞赛、科技创新等活动。校内实践项目资源拓展如表 3.5 所示。

表 3.5　校内实践项目资源拓展

实践项目资源	负责人或单位
学科竞赛项目(具体详见学校《学科竞赛指南》)	教务处、各学院创新实践基地
教师科研项目	专业教师
大学生创新创业训练项目	教务处、专业教师
大学生自主创新创业实践	创新学院、创业学院

3.2　短学期实践平台建设

短学期实践平台的建设为实践项目资源拓展、短学期实践持续开展奠定良好基础。短学期实践平台包括思政育人实践平台、实习实践基地、教学科研平台、校院两级创新创业基地等。

1. 思政育人实践平台建设

加强思政、人文素质教育基地和劳动教育基地建设;以"三下乡"活动、"青马工程"实践、"我选湖北"计划等为载体,健全和完善大学生社会实践平台;建立长期稳定的校企、校地志愿服务基地,长效、精准对接志愿服务工作;引导学生树立社会责任意识和国家共同体意识,培育学生团结互助、帮贫济困、仁爱友善的公民美德。

2. 实习实践基地建设

深化校地、校企产学研合作,充分利用校地企合作、"三百工程"和博士服务团工作,拓展校外实习实践基地,建设数量充足、稳固的校外实习实践资源,引导学生结合专业实践、自身职业发展规划,参与实习实践活动。

3. 教学科研平台开放

充分发挥学科专业教学和科研实验平台的作用,加大平台面向学生的开放力度,推进专业导师制,吸纳更多学生参与科研实践,接受创新素质训练,深化科教融合,切实增强学生创新实践能力。

4. 创新创业基地建设

加强学校创梦工场建设,完善校级跨学科专业创新平台;落实"一学院一创新基地",为学生开展学科竞赛、创新活动提供坚实保障;依托国家级绿盟众创空间、大学生创业园,推进大创项目和学科竞赛成果转化,成就学生创业梦想。

第 4 章　短学期实践路线图及过程管理

 短学期实践路线图

短学期实践过程主要分为五个阶段,包括实践项目申报与遴选、项目报名、项目开展、项目答辩、成绩提交、总结表彰,如图 4.1 所示。

图 4.1　短学期实践路线图

1. 短学期实践项目申报与遴选(春秋学期的 10~16 周)

短学期实践作为实践教学必修环节,必须有足够的实践项目,确保学生全覆盖。教务处会根据各学院学生人数,确定各学院拟申报的实践项目数;

学院充分动员教师参与项目申报与遴选,其中校团委、学工部负责做好社会实践类项目的申报指导、审核与遴选工作。遴选后的实践项目上传到"校友邦"信息管理平台,同时可以结合项目特点对参与学生提出限制性要求。

2. 短学期实践项目报名(春秋学期的17～19周)

实践项目报名分为两个阶段:第一阶段为学生在信息管理平台上就学院上传的项目进行报名,第二阶段为学生自主开展实践项目报名。第一阶段的报名一般实行双向选择,学生根据自己所学专业、所在年级要求,自主选择项目。学生报名后,再由指导教师进行选择并审核,审核通过后学生方可在该教师指导下开展短学期实践。第二阶段主要针对学生自主报名,学生在满足短学期实践专业、年级要求的前提下,可以依托自身资源确定实践项目主题,填写自主实践项目,并报班导师进行审核。

3. 短学期实践开展(夏冬学期的2～4周)

短学期期间,学生在项目指导教师的指导下参加实践,同时在信息化平台上完成周、日志和实践报告的撰写,对实践过程进行及时记录和总结。

指导教师负责做好指导与过程管理工作,对学生的周志和报告进行批阅。其中项目指导教师负责所属项目成员的实践指导、周志与报告批阅、过程考核工作;班导师负责本班级参加自主实践的学生的实践指导、周志与报告的批阅、过程考核工作。

4. 短学期实践答辩(开学前周末)

全校本科学生以班级为单位集中开展短学期实践答辩,每班答辩学时要达到4学时。

成绩提交(开学后1周),答辩结束后1周内,班导师要将答辩成绩录入平台系统。

5. 短学期实践征文与演讲大赛(春秋学期1～9周)

2022年起,为充分展示同学们在社会实践、实习实训、科技创新实践中昂扬向上、追求理想、勤于实践、勇于创新的精神风貌,以及同学们的成长收获,选树典型,引领风范,进一步增强全校学生学习动力,激发学生积极投身实践的热情,学校取消按指标定额的表彰方式,举办短学期实践征文与演讲大赛。大赛等级暂定为 C 级,列入《学科竞赛指南》。在成功举办首届大赛的基础上,持续完善,注重将大赛与学生短学期实践的过程与答辩成绩结合起来,注重征文的实践内容的充实性与演讲的故事性,使学生不仅能实践好,还能总结好、演讲好。

时间安排为在冬季短学期结束后的两个月内开展征文评审,在夏季短学期结束后的三个月内开展征文评审,汇总冬季与夏季的征文,开展校级网评,通过网评的学生即进入演讲比赛环节。

短学期实践过程管理

4.2.1 管理职责与分工

建立"学校统筹、部门协同、学院主体、教师指导、学生全员参与"校院两级运行机制,细化责任分工,稳步推进短学期实践。

1. 职能部门职责

教务处负责短学期实践制度设计、过程监控、考核管理,以及学科竞赛和科技创新活动推进。学工部负责学生宿舍保障、活动动员、安全教育及突发事件处理等工作。校团委负责社会实践活动的整体策划与组织。宣传部负责短学期宣传、追踪报道,以及面向社会公众及媒体进行成果宣传与推介。后勤处负责短学期期间后勤保障工作。各职能部门领导应根据安排积极参与学生短学期答辩,从实践思政育人角度进行正确引导。

2. 学院职责

学院作为短学期实践主体责任单位,实行院长负责制,成立以院长为组长、分管领导为主要组员的短学期工作领导小组,负责落实各专业短学期实践大纲、制定学院每次短学期实践活动方案、统筹推进短学期实践开展,并督促学生实施。

学院应积极开展动员组织工作,提高师生对短学期实践的认知度和参与度;落实实习实践岗位,确保更多学生得到锻炼与提高;建立学生短学期实践报名统计信息库,做好本学院学生的统计摸底工作,并实施动态管理;制定安全预案,开展安全教育培训工作及实施安全管理,确保各项活动稳定有序地进行;选派指导教师,通过多种形式对学生开展相关的跟踪服务与帮助指导;开展调研与巡查,及时掌握短学期活动动态。探索改革评价方式,强化过程性评价,实施对学生能力与素质的综合评价;及时总结经验、遴选典型,培育本院特色活动。

3. 指导教师职责

指导教师主要包括班导师和项目指导教师。短学期实践根据岗位供给来源,实行项目指导教师和班导师负责制。在专业导师指导的基础上,加强由马克思主义学院教师和学生工作队伍组成的思政导师的联合指导,引导学生在短学期实践中努力提升思想政治素质。

班导师负责所带班级中参加自主实践岗位学生的实践指导,包括学生岗位审核、日志提交审核、周志和实践报告的批阅。

项目指导教师应根据学院安排积极提供项目资源,及时完成报名审核工作,负责参与项目学生的实践指导,包括在信息化平台上完成项目申报,审核学生的项目报名资格,审阅学生提交的日志、批阅周志和实践报告。

各指导教师应结合学生实践情况,作出合理的评分。

4. 马克思主义学院及教师职责

马克思主义学院负责安排思政教师进行实践育人项目设计,参与学生短学期实践过程指导和答辩指导(具体详见 2.5.3),在学校实践育人中发挥重要作用。

5. 学生要求

学生要端正态度,充分认识到短学期实践的重要性。应在班导师或专业导师指导下,结合专业以及发展意愿,合理选择短学期实践项目,按时在平台完成项目申报或自主岗位填报工作。学生要自觉参加学院、指导教师或企业组织的安全教育培训,增强安全防范意识,具有自我保护能力。在指导教师指导下,积极参加实践活动,按要求完成实践任务,按时完成周、日志和实践报告。

学生还要严格遵守纪律。应在教师指导下认真开展实践,在校外实践过程中要自觉遵守实践场所的工作纪律和行为规范。

4.2.2 信息化过程管理

短学期实践作为一门全校性实践必修课程,要求学生人人参与,且周期长、教师参与面广,不同阶段实践教学内容不同,因此过程管理难度较大。经过多年的探索和完善,学校逐步建立了较为成熟的实践教学过程信息化管理的平台和机制,对从实践项目申报与遴选、项目报名与审核、项目过程监控、项目完成审核到成绩提交的整个实践过程进行信息化管理。

1. 实践项目申报与遴选

学院对教师和学生申报的项目进行审核、汇总后导入信息化平台,按学年、冬季和夏季短学期分类,生成项目资源,结合各项目特点对参与学生提出限制性要求。

2. 项目报名与审核

学生根据学校统一安排按照时间节点,通过信息化平台学生端口进行实践项目的报名,指导教师通过教师端口进行项目审核。审核通过后,学生线下联系指导教师开展短学期实践。

3. 项目过程监控

学生每周要在信息化平台上提交2篇日志(1天只能提交1篇日志)和1篇周志。其中每篇日志中均需配有图片,日志内容包括当天实践的内容、总结与收获,下一步的实践计划,字数不少于 200 字。周志内容包括本周实践的内容、总结与收获,字数不少于 500 字。实习结束后,完成实践报告的填写,包括实践目的意义、实践内容、收获与感想,实习单位盖章证明材料,字数不少于 1000 字。其中收获要包括理想信念、爱党爱国情怀、团结友善精神、文化交流能力、规则法纪意识和创新创业能力等六个方面。指导教师负责对学生的周志和报告进行批阅。

4. 项目完成审核

短学期实践结束,学生应及时在系统中点击"申请实习结束",指导教师在系统中对学生的实践报告进行审核,并给出评分,作为过程考核的成绩评定结果。指导教师审核通过后,学生方可在系统中下载打印实践报告。

学院以班级为单位,统一组织落实学生的短学期过程管理。班导师是各班级短学期过程管理责任人,负责督促本班学生按要求参加实践活动,及时撰写周日志与实践报告。学生相关材料经班导师审核通过后,方能参加考核答辩。

5. 成绩提交

短学期成绩原则上包括过程考核成绩与答辩成绩,具体评价标准、比例需与专业短学期实践教学大纲一致。集中性实践成绩由带班指导老师负责录入,其他实践成绩由班导师负责录入。

4.2.3　学生信息化平台操作

学生信息化平台具体操作步骤如下。

步骤 1:登录。

登录方式一:扫描"校友邦"公众号二维码(见图 4.2),点击"实习成长→实习任务",如图 4.3 所示,可快速进入"校友邦"小程序(除实习报告与实习成绩鉴定表等部分功能外,其他操作也可在微信小程序完成)。

图 4.2 校友邦公众号二维码

图 4.3 登录信息化平台

登录方式二：在浏览器中打开 www.xybsyw.com，点击右上角"学生登录"，如未注册，需要先注册账号，再输入账号和密码直接登录，或选择"扫码登录"，通过"校友邦"小程序扫码登录。电脑网页端登录方式如图4.4 所示。

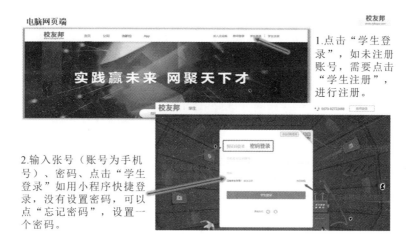

图 4.4 电脑网页端登录方式

步骤 2：项目报名。

项目报名分双向选择报名（即学生选择教师申报的项目，然后教师进行批准审核）、自主实习报名两种。项目双向选择报名路径："成长"→"实习报名"→"双向实习"，如图 4.5 所示。自主实习报名路径："成长"→"实习报名"→"自主实习",如图 4.6 所示。

图 4.5 项目双向选择报名路径

图 4.6 项目自主实习报名路径

温馨提示：一个学生只能参加一个项目，如同时报多个，一位教师通过报名审核后，系统自动拒绝其他项目报名。

步骤3：提交周日志。

操作路径："成长"→"周日志"，如图4.7所示。

图4.7 提交周日志路径

步骤4：提交实习报告。

操作路径："我要实习"→"实习报告"→"下载报告模板"→"提交实习报告"，如图4.8所示。

图4.8 提交实习报告路径

步骤5:导出实习手册。

操作路径:"我要实习"→"实习报告"→"已通过"→"导出实习手册"(审核通过后再完成这一步),如图4.9所示。

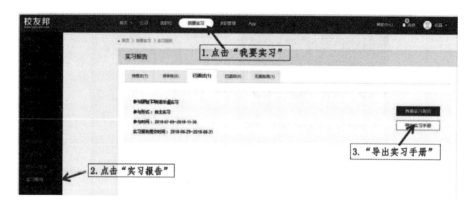

图4.9　导出实习手册路径

步骤6:导出实习成绩鉴定表(经"实习单位鉴定""指导老师鉴定"之后导出)。

操作路径:"我要实习"→"实习成绩鉴定"→"查看详情"。

4.3　短学期实践考核

短学期成绩原则上包括过程考核成绩与答辩成绩,过程考核成绩由指导教师根据学生参与短学期实践的表现及完成情况进行评分,答辩成绩是在短学期实践完成后,组织答辩考核,由参与答辩考核的教师根据学生答辩汇报情况进行评分。

答辩考核重在考查学生的参与情况及其体验与收获,具体要求如下。

(1) 答辩资格审核。学生须在答辩前2天从"校友邦"平台导出实践日志(夏季短学期不少于8篇;冬季短学期不少于4篇)、调研报告或实践报告

(包括实践目的意义、实践内容、收获与感想，字数不少于1000字)等资料，由班导师集中审核，并确定学生的答辩资格。

（2）答辩安排。各学院应根据教务处要求做好短学期实践答辩工作安排，每班至少配备2名指导教师(其中至少1名专业指导教师)参与答辩考核，马克思主义学院思政教师由学院统一安排，同时积极联系分管校领导参与答辩。

（3）答辩过程要求。学生需通过PPT(含现场不同场景的照片3张)进行展示，内容主要包括实践过程、实践收获与感想。每名学生答辩时间(含回答问题)不少于6分钟；答辩指导教师提出不少于2个问题，注意从思政育人角度进行引导；对于团队实践项目，每个学生应单独答辩；每班答辩时长一般不少于4学时。

（4）成绩评定与录入。短学期成绩原则上包括过程考核成绩与答辩成绩，具体评价标准、各部分成绩所占比例需与专业短学期实践教学大纲一致。集中性实践成绩由带班指导老师负责录入；其他实践成绩由班导师负责录入。

（5）有下列情况之一者，本次短学期成绩评定为"不合格"：

① 实践时间不足，累计缺勤时间(或缺勤次数)达到或超过全过程(或总次数)1/5；

② 指导老师评价为不合格或答辩不合格；

③ 不按时上交实践日志、周志、实践报告；

④ 日志、周志、实践报告未达到学院要求。

本次短学期成绩评定为"不合格"的学生不能获得相应的学分，需要在后续短学期重修完成相关活动，并通过考核答辩，才能修得相应学分。

第 5 章　短学期实践保障体系

5.1 加强学校组织领导

学校上下要把短学期实践摆在学校改革的重要位置,人才培养的战略位置,加强指导管理与监督评价,统筹推进实践育人工作。教务处等部门要协同做好短学期实践的研究、指导、实施和服务。各学院要落实主体责任,切实做好资源拓展、项目设计、过程管理与考核工作,为学生实践活动提供良好育人环境。

5.2 加强学校制度建设

学校在实践探索中,不断总结,形成制度,先后出台《关于进一步深入推进短学期实践工作的指导意见》《关于在短学期实践中加强思政育人工作的指导意见》《湖北工业大学短学期实践 2.0 实施指导意见》《湖北工业大学短学期实践 2.0 实施细则》《湖北工业大学短学期实践评分标准》《短学期指导教师工作量核算办法》《短学期实践经费使用细则》等政策。

通过制度建设,加大短学期实践和创新创业基地建设经费支持力度,充分利用专项经费开展实践活动;将短学期实践工作及成效纳入学院年度状态数据,将短学期思政育人工作纳入相关职能部门目标管理,确保工作高效有序运行。

加大短学期经费与指导教师工作量核算支持

1. 经费支持

学校按冬季短学期 40 元每人次、夏季短学期 80 元每人次的标准划拨专项经费(专业实习仍按实习经费标准另外核准报销),学院教学副院长负责经费的使用与报销审核工作。专项经费主要用于短学期实践项目材料费、校外实践指导教师劳务费、教师指导短学期实践的差旅费、学生社会实践团队差旅费,以及学院组织实践教育过程中发生的非绩效工资开支。与短学期实践不直接相关的项目、教学任务内其他集中实践教学项目开支不纳入专项经费。

2. 指导教师工作量

短学期指导教师工作量按一个班 1 周计 8 学时核算,各学院根据教师指导学生数量进行核算;指导教师参与答辩工作量按每班每次 4 学时核算。

下篇

短学期实践优秀案例

社会实践类

立足实践,食光前行

生物工程与食品学院　章运欣　(特等奖)

靡不有初,鲜克有终。不忘初心,方得始终。作为一名"生食人",在从了解社会到服务社会的短学期实践过程中,我始终不忘立足实践,实事求是,追随光、靠近光。

一、冬季政务实践

一个人对专业的认知程度没有所谓的误解与偏见,只有了解与不了解,所有的偏见都来自于眼界和认知的局限性。从了解开始,我在宜都市市场监督管理局枝城市场监管所开展了冬季政务实习。

国以民为本,民以食为天,食以安为先,安以质为本,质以诚为根。一名食安人的工作是琐碎平常却意义非凡的。在办理食品经营许可等各类证件时,我明白:我们需要为每一次鼠标点击负责,因为这不仅关系到经营者的正常经营,更牵扯着千千万万户百姓的平安健康。每一份许可都必须经得起严格检查,这样我们才能从源头处把握百姓的生命健康。在实习期间我了解到国家通过优化营商环境,活跃市场经济,放宽市场准入规则,真切实现了让百姓安居乐业。越是深入基层,这些始终围绕实现好、维护好、发展好最广大人民群众的根本利益这一主题的细节就越是让人动容。

在食品抽检中,我亲历基层人员的使命敦行,从粮食到水果,从酒水到副食,每一次寒冬下的出发都是为了用心用情办实事,守护好人民群众"舌尖上的安全"。在整理档案资料时,我体悟到作为新时代大学生,我们需要"躬身入局",扎根基层。书本里的知识是无穷尽的,当我们将其与实践联系起来后,知识不再是枯燥无味的,它变得生动形象,而这才是我们需要汲取知识的意义。

二、夏季志愿服务实践

当然,作为新时代青年,还要时刻弘扬"奉献、友爱、互助、进步"的志愿者精神。所以,从了解社会到服务社会,我在宜昌万寿老年颐养有限公司开展了夏季志愿服务。

志在心中,愿在行动。用一个月不长的时间,做一件意义重大的事,以真心关切点点滴滴,以真情温暖最美夕阳红。我作为志愿者,陪同退伍疗养军人前往宜昌烈士陵园参观,缅怀革命先烈,凝聚奋进力量。一篇篇文字记载,一幅幅志士图画,一件件历史文物,令我的思绪也飘扬到那个风雨如晦、跌宕起伏的年代——在中国这方热土上,有无数仁人志士,为了民族的解放、国家的独立和人民的幸福,抛头颅、洒热血,谱写了一篇篇悲壮激越的历史篇章,是他们的生命换来了今天的繁荣昌盛,是他们的鲜血染红了遍地鲜花。奋斗百年路,百年历程深刻告诉我们"空谈误国,实干兴邦",奋斗是青春最亮丽的底色,实践是检验真理的唯一标准。启航新征程,吾辈怎能忘记那一段段可歌可泣的悲壮史诗,怎敢忘记那一张张鲜活生动的面容?不论是中国共产党的百年历史,抑或中国共产主义青年团百岁华诞,还是举国上下抗击新型冠状病毒肺炎疫情的众志成城,唯有亲身实践,认真躬行,方能披荆斩棘,成就大事。不论是袁隆平的俯首躬耕,抑或钟南山的逆行出征,还是黄文秀的无私扶贫,唯有砥砺奋进,笃行使命,方能乘风破浪,实现价值。吾愿吾辈青年为新征程绘就美好画卷,为实现中华民族伟大复兴贡献绵薄之力。

三、结语

不论是涉及专业的了解实践,还是服务社会的社会实践,我总能看到平凡人努力奔跑的身影,平凡却不平庸,他们都一步一个脚印,脚踏实地的立足实践,做勇敢的追梦人,做生活的摆渡人,最终实现一印一生花。

毛泽东主席说:"文明其思想,野蛮其体魄,心力体力合二为一,世上事未有不成。"我想,吾辈唯有不断提高思想觉悟,坚定地躬身力行,才能在实践中成功,在成功中追逐理想,从而实现高远目标,拾光前行。

Hi, HBUT 你好，湖工大！
——湖工大双语短视频的制作

外国语学院　刘傲然　（特等奖）

七十年栉风沐雨，春华秋实；七十载薪火相传，弦歌不辍。2022 年正逢校庆 70 周年，结合新使命、大格局、"新文科、大外语"的时代背景，我们开展了一个用英语讲述湖工大故事的项目——以湖工大生活为主题拍摄系列双语短视频《你好，湖工大》（英文名为 Hi, HBUT）。这个短学期实践项目，起步于 2021 年寒假，基本完成于 2022 年暑假，共历时一年。

为什么要选择视频的形式？为什么要选择双语？应该怎么样拍视频？制作的视频有人看吗？有意义吗？这样的疑问贯穿了整个项目的筹备、制作阶段，但随着进度一点点推进，成果一点点呈现，所有的问题与担忧最终都不复存在。通过本次实践活动，我们得到了许多收获。

一、加深了对学校的认识

在撰写脚本阶段，关于学校的很多词条很多翻译需要核实、需要讨论，不能简单地采取用机器翻译或者直接用拼音，否则会降低视频的质量，有损学校形象。

有一次翻译学校的发展规划"坚持'四走两融合'的实施方式"时，开始扣字翻译非常生硬，在老师的指导下，我们去了解了这个方针的具体内容，即"走出课堂、走出校园、走向社会、走进企业；深度融合学生职业生涯规划，深度融入生产、科研、实践"，最终翻译成"the socialization of students and internalization of knowledge via production, research and practice"。

在"Brief History of HBUT"篇中，为了清楚呈现学校自 1952 年的四次更迭，我们反反复复去咨询校史馆的讲解员，仔细核对每一个年份信息。在创作"Present of HBUT"篇时，我们时刻关注智能制造产业学院的成立、硕博点的新增、《追梦》系列思政课的开展等一系列湖工大动态,团队成员采访过五六个院的辅导员、积极参加《追梦》课程讲座、走进创业园的工作坊……在"Glimpse of HBUT"篇中,我们从食堂、智慧教室、湖工大生灵等方面展现了湖工大学子的真实生活。

二、对团队合作精神有了更深刻的理解

追求因指引而成功,个体因团队而强大。在本次活动中,我担任队长与主持人一职,作为队长,身上的责任感是最大的动力。实践过程中困难重重,令我无数次产生疲倦感,无数次产生只想躺平的念头,但是想想身后组员的坚持,就能继续做下去。回首来时,大家相互支持,"踏平坎坷成大道,斗罢艰险又出发"。更重要的是,我更加体会到新时代下外语专业同学的使命感与责任感。中国虽然已经是世界第二大经济体,日益走向世界舞台中心,但国际交流和传播是一个双向过程,在崛起中我们会面临更多的传播难题,如何消除误解、建构与传播好国家形象,如何讲好中国故事,传播好中国声音,这是时代交到我们年轻一代手上的接力棒。"作为外语学习者以及中外交流的使者,我们应当通过自己的视角向世界展示中国真实、立体、全面的事迹,就像老师说的那样,用社会现实去补白原先舆论现实触及不到的角落。"这是我的一位学姐在追梦系列讲座上的发言,至今我仍印象深刻。这次短学期实践,将书本知识付诸行动,知行合一,边做边学,我对如何爱校爱

国爱党有了新一层的认知。

最后,我想以"Hi,HBUT"系列视频第一集"Brief History of HBUT"的片首词结尾:

"It is the right time to review and tell her developmental history.

She has always been here, with stories written and passed on, stories about her struggle, innovation and responsibility."

我们是讲述湖工大故事的人,也是书写故事的人。

从湖工大出发,用奋斗的汗水浇灌,我们的故事也一定会更加精彩。

以志愿之行书写青春华章

材料与化学工程学院　文　倩　（特等奖）

青春的底色是什么？有人说是坚持不懈，有人说是奋不顾身，而我认为是志愿精神！今年暑假我有幸在湖北工业大学"青佑之光"志愿服务团的组织下前往红安县高桥镇庙咀湾村参加了为期二十天的暑期"三下乡"实践活动，同时作为宣传组组长，负责了相关宣传工作、文化调研及课程教学任务。

一、宣志愿精神所作，传志愿行为所行

拿起相机的那一刻，我不是摄影师，而是一个宣传者——宣传红安的风土人情、弘扬红安的文化精神、记录小老师和小朋友的幸福点滴……作为宣传组组长，我主要负责带领宣传组的成员处理红安文化传承实践队相关的照片和进行视频素材拍摄，以及更新每天的特色推文、新闻稿、总结视频等，通过互联网将志愿精神传递给更多人，让更多的人参与到志愿活动中。

二、开展特色课程,激情助力金色童年成长

本次实践活动授课,我向小朋友们开设了演讲与口才、手工课、认识贵州等五门特色课程。在认识贵州课程中带领孩子们领略了贵州的风土人情、特色的民族文化;在演讲与口才课程中不断激发孩子们表达的勇气并锻炼孩子们的表达能力,帮助孩子们提升自身综合素质……五门课程带给孩子们不同的感受,我也在授课的过程中感受到小朋友们不一样的才学,他们有自己的思想,对于事物又有自己独到的见解,我们在不同思想的维度中摩擦出灿烂的火花。

三、了解农村实际情况,全面提高自身素质

活动期间我们选取部分学生进行家访,深入学生家中了解当地居民对本次暑期活动的感受,并采访了部分老党员。我们在采访老党员的过程中听闻了一段段光辉岁月中令人难忘的红色军旅故事。在家访后我们才了解到,在庙咀湾村开展的这次暑期"三下乡"实践活动,不仅对我们来说是第一次,而且对庙咀湾村的家长和小朋友来说也是第一次,家长和小朋友都满怀激动、期待和喜悦。这是湖北工业大学实践团队在庙咀湾村打下的第一站,也能为后期来此地的实践团队提供良好的基础和建设性意见。

四、以时代精神活态传承非遗文化,展现湖工大青年学子风采

7月9日和10日,我们前往黄麻起义和鄂豫皖苏区革命烈士纪念园、李先念故居等红色基地参观学习红色文化,也利用课后空余时间前往陂安南县的多处革命遗址进行参观学习,感受革命年代各位先辈在战火纷飞的岁月保卫国家、英勇杀敌的奋勇精神。7月16日,我们前往程河村进行红安善书、皮影戏等非遗文化调研,向前辈学习优秀的中华传统文化,从实践中深刻领会其中深厚的文化底蕴。党的十八大以来,习近平总书记多次强调:"中华优秀传统文化是我们最深厚的文化软实力,也是中国特色社会主义植根的文化沃土。"如今,我们在红安红色文化基地寻访,开展非遗文化调研,便是对习近平总书记号召的积极响应。相信此行一定会给大家上一堂记忆深刻的文化大课,大家也能将所感、所知融汇到"乡村振兴发展,非遗国际

化"的征程中。在未来,我们也希望广大青年在这个文化多元化的时代能够明白——坚定文化自信不仅仅是挂在嘴上,更重要的是要落到实处,付诸实践!

五、同度风吹蝉鸣夏,共建红安支教情

庙咀湾村实践团队的小伙伴们,在朝夕相处的二十天中,不知不觉从毫不相干的十个人变成亲密的一家人。我也和当地小朋友们建立了良好的感情基础,并在实践结束后也一直与他们保持联系,努力成为指引他们的灯塔。儿童是祖国的花朵,是祖国未来的栋梁。青年志愿者深入乡村,守护希望,让祖国的花朵盛开得更加灿烂。在未来,他们也将接过我们手中的接力棒,将志愿精神和青年使命传承下去!我也很高兴能和一帮志同道合之人在这个风吹蝉鸣的盛夏里给小朋友们上课、参观红色基地、调研非遗文化,并肩向前做好每一件有意义的事情。

四季会交替变换,但我永远不会忘记这个盛夏,不会忘记在庙咀湾村做过的每一件有意义的事情。希望多年后,我们依旧有如这盛夏一般明朗且热烈的情怀。吾辈生于华夏盛世,定当不负重托,肩负新时代青年的使命,展现湖工大青年学子的青春风采,让志愿行动落下青春的帷幕。

讲支教故事,传湖工大精神

经济与管理学院　张　聪　(特等奖)

在湖工大每年的寒暑假,总会有一群身穿印有湖工大校徽和志愿者标志上衣的同学,在一号教学楼前出发合影。这里面就有前往红安、麻城等革命老区开展支教活动的队伍。

今年暑假,作为一名即将步入大四的"老学长",我和即将开始大学第一个暑假短学期实践的大一学生、已经有多次支教经历的大二学生,一起加入到红安支教的志愿者行列。我们在早早地做好准备工作后,终于满怀期待地背上行囊,看着朝阳,登上了去往红安的车。

一、初登讲台

从未支教过的我幻想着一步登上讲台,一把拿起话筒,看着台下整齐坐开的小朋友,意气风发,挥斥方遒,幻想着我挺起胸膛,面露微笑,好似上知天文,下知地理,从古到今,滔滔不绝……当然,这仅仅是我的一个幻想。

支教远比想象中困难。在我们班级里,最小的孩子上一年级,最大的上九年级,六十多个学生把前排位置坐得满满当当。有安安静静坐在位置上的;有三三两两拿着零食,一不小心还把饮料撞倒洒了一地的;有围在我左右疯狂笑我这个老师没有女朋友的;还有追逐打闹把膝盖磕破,哭着要回家的……

二、难忘家访

要说让我印象深刻的,还得是一次家访。陶家田村的下午总是红了半边天,晚霞追随着夕阳,我跟着孩子一起朝他家走去。今天要家访的孩子稍稍有些紧张,平时路过小水塘都要多看几眼,今天头也不转,加快脚步从一旁走过,我笑着告诉他,把家访当作是领大朋友进门。

小朋友进了家门,把爷爷喊到了客厅便拿起小板凳坐在一旁。爷爷热情地招待我们,伸手示意我们坐下,又转身去倒水。我正奇怪爷爷怎么不说话,一抬头就看到了他喉咙上的伤口,原来爷爷说不出话,我只能从他的嘴型和动作大概猜测他想表达的意思。我给他介绍"希望家园"的具体内容,给他讲述孩子在这里的具体表现。我说希望家园,更是在这个夏天里,孩子们的安全之家、快乐之家、学习之家。爷爷一直在点头,不停地用手势表达着对我们的支持和信任,小朋友也把腰板直了起来。

三、教学相长

我惊讶地发现,在我的班级里,大多数孩子都是留守儿童,有的孩子的家庭并不圆满,他们没有上过音乐舞蹈课,没有见过国旗升起来的样子……即使这样,孩子们依然把最喜欢的玩具送给了我。在我们离开的时候边写纸条边哭,在纸条里告诉我,"谢谢你,老师,你让我变得自信。"我陪伴他们,他们打动我,是他们洗涤了我的内心。

教学相长,助力一方。这是我与红安支教的故事,也是湖工大学子与短学期实践的故事,是青年一代走向社会、扛起使命的故事。从湖工大中来,到社会中去,源源不断地湖工大学子在用爱心感受社会、奉献社会中展现属于湖工大的发展足迹。七十年波澜壮阔,七十年砥砺前行,让我们倾注青春热血,继续在实践中创造新的明天!

无悔红安行，不负志愿蓝

材料与化学工程学院　冯书楠　（特等奖）

2022年7月，我作为湖北工业大学"爱心千里行"暑期实践队的一员，赴红安县城关镇曹家畈村开展了为期一个月的老区支教社会实践活动。

一、支教初体验

说起这段支教故事，我更愿意从晨跑开始讲起，这是成为支教队员的最后一道考验，对于我这个"起床困难户"是很大的挑战。但是伴着日出和鸟鸣，感受着风过林梢，我内心的支教梦想一点点坚定。出发前的培训，我学到这样一句话："我们不是拯救者，我们只是尽自己的能力传播爱与责任。"对这句话的深层理解，体现在之后的每一天里。

二、在支教中成长

2022年7月5日，伴着淅淅沥沥的小雨，我和红安县这个传说中的"将军县"第一次邂逅，所看到的红安在我意料之中却又有惊喜连连。

在开班仪式上我自信地作了自我介绍,自此,"小楠老师"正式上线。自己做饭、备课试讲、开会拍照宣传……支教生活比我想象的更加忙碌,我在这里经历着,也成长着!体育课上,孩子们轮流切磋,挑战我的球技,虽烈日炎炎却乐在其中;折纸课上,我们一步步拼凑一朵完整的郁金香,表达自己的一份浪漫;少先队员课上,我们一起宣誓,齐唱队歌;舞蹈课上,我们手脚并用,为最后的文艺汇演准备着……

三、在信仰中砥砺党性

家访、采访老党员也是支教期间极有意义的活动。7月23日,我们来到了阮祥珍爷爷家进行采访。爷爷是对越反击战的老兵,也是曹家畈村的老书记,这样光荣的双重身份让我们敬佩不已。爷爷非常健谈,我们听得入神也入心。那句"我要入党,这是一种信仰"瞬间戳中我的内心。听闻我是预备党员,爷爷接连说了三个"好"!我可以感受出爷爷字里行间对于党后继有人的欣慰,也深刻体会到压在我们肩上的重担。

采访中我了解到爷爷是如何带领村民建设家园,将曹家畈村打造为优秀示范乡村的;是如何穿过枪林弹雨,守卫和平,立下丰功伟绩的;是如何以身作则,将儿子培养为新一代优秀党员的;是如何尽自己所能,投身祖国的一切建设的!从前的道理来自课本,如今的榜样就在身边,很庆幸自己能获得这个机会,去感受"信仰"二字的力量!

四、在演出中收获感动

备战文艺汇演时,我负责的是给低年级小朋友排练歌曲《孤勇者》。为了提高排练效率,我采取了"分组唱,齐点评,给奖励"的方法,最后十来人的合唱团,确立了组长、副组长、纪律委员……如此庞大的领导班子,只为让孩子们熟记歌词,跟上节奏。

7月29日,文艺汇演如期而至。最后一天,仿佛空气都弥漫着离别的气息。我收敛着不舍,负责组织汇演以及调试音响设备。但是看到孩子们小小的手紧握着话筒,目光坚定、全力以赴地认真歌唱的那一刻,提前建立的心理防线瞬间崩塌,拍视频的手止不住地颤抖,泪如雨下……我被孩子们的干劲儿所感动,也为明天之后再也不能陪伴他们而悲伤。也是在这一刻,我切身体会到了作为老师的成就感。

笙歌会停,旅程会散,但故事的结尾会因回忆而绵长,而这段回忆里,一定有那晚舞台上孩子们声嘶力竭、全力歌唱的一幕。

五、过程即意义

若要问我支教到底为了什么,我想说的是:我们擦亮着星星,也被星星治愈;我们寻找着意义,却不知我们本身即为意义!那天一个孩子问我:"小楠老师,你的成绩是不是很好呀?要考到你们学校很难吗?"我回答她:"并不!只要你愿意学,真诚对待学习,就一定会得到回报!"这个孩子似懂非懂地点点头,他说他的梦想是考武汉大学。我默默记下,也静待梦想的种子破土而出。25天不短不长,我也在尽我所能建立孩子们与广阔天地的连接,我努力教他们真诚、坚毅,告诉他们关于有梦不可无疾而终,人生的航向需得自己掌握。我能带领他们达到的高度虽然不足以改变他们的人生,但至少可以让他们看得清脚下的路,并拥有抵达远方的能力。

此程披星戴月,换得光辉岁月——为教育承载的价值,为心中坚信的意义。这一站抵达终点,我也可以自信地说:"无悔红安行,亦不负这一抹志愿蓝!"

同心合力,为爱上色

工业设计学院　连翊渲　(一等奖)

这次我跟随"并肩"团支部"灼华"实践团队赴黄冈市浠水县参加了"三下乡"社会实践活动,收获良多。这次支教活动我们团队的课程十分丰富:有加强体育素养的瑜伽、形体、橄榄球课;有加强文化素养的语文、科学、书法、礼仪与演讲课;有加强艺术素养的电影课、美术与手工、自护、心理健康与爱国教育课。我在此次活动中深入实践,进一步了解社会,在实践过程中有幸担任了墙绘组长一职并兼任了地理课、户外美术课的助教。

一、同心合力,排除万难

在夏季雨水的干扰下,在全体伙伴戮力同心的配合中,为期近 20 天的墙绘施工终于落下了帷幕。时间虽短,任务却不轻松——两个学生食堂的"节约粮食"主题画与校内围墙 70 米二十四节气主题画的绘制。

在开工伊始,困扰我们最大的问题是墙上的污渍问题。因为没有墙

檐，雨水冲刷的尘土在墙上留下一道道纵向污渍，十分影响绘制效果。两名男同学用乳胶漆与滚筒在炎炎烈日下粉刷了墙面，并找校长协商加墙檐，解决了第一个难题。第二个难题接踵而来：墙绘较大的画幅与连绵的阴雨让我们不得不与时间赛跑，人手问题成为重中之重。在排班人员的数次协调之下，伙伴们全员出动，轮流绘制，无惧烈日骄阳；心怀憧憬，纵使挥汗如雨，也不停挥动手中笔刷，让墙上色彩每日增长，势如破竹，"绘"不可挡。

二、为爱上色，童心前行

在我们绘制的过程中，小朋友的围观与赞美给了我们很大的鼓励。他们或围在墙绘材料边用亮晶晶的眼神望着五彩鲜艳的颜料，憧憬却不敢触摸；或在我们运输材料时偶尔搭把手，赞美"哥哥姐姐画得真好看"；或熟练背出我们传统文化主题相关节气知识"春雨惊春清谷天"等，让墙绘任务的责任感与意义感饱胀在我们心田。同时校长还委托我：绘制小学校本教材封面，主题是诗美四季。我选择了秋的"枫桥夜泊"、夏的"爱莲说"、冬的"独钓寒江雪"、春的"万条垂下绿丝绦"，各取一个意象。小朋友围观了我的创作过程，表示出了对校本教材封面浓厚的兴趣。最后插画被做成教材封面，我作为设计者名字被署名在封底，这令我充满了自豪感。

小朋友还会抢着围到讲台把自己画的画拿给我看，争相让我猜他们画

的是什么。有一个小女孩画了一个长发姑娘,我问:"这是你妈妈吗?"她说是的,要回家把画送给她的妈妈。还一有个小朋友问我,"你"和"师"字怎么写,我还以为他调皮,要写调侃老师的话,不过没多想就在黑板上写下,后来发现他写了"我爱你老师",顿时被感动到。

三、有始有终,而爱常在

作为墙绘组长,墙绘任务从开营前就开始了。从墙绘方式选择、材料挑选采买,到策划主题内容、材料与环境清洁,都离不开团队伙伴的支持与奉献。墙绘的任务也让我体会到了工作的秩序感、迎难而上使命感,并对分析问题、克服挑战的方法论有了进一步了解。为期近20天的墙绘施工落下帷幕,我们的支教旅程也进入了尾声。旅程有始有终,而温暖、感动和爱不会改变。

于道各努力，千里自同风

工业设计学院　魏良慧　（一等奖）

有人说："青春就是要见山见水，兼济天下而又独善其身。"又有人说："要到祖国需要的地方去，支出数周，教化一生。"在我十九岁的这个盛夏，我怀着满腔热情与期待，希望做一些有意义的事情。而在我来到大学的第一年里，我与校融媒体中心有幸遇见，正好热爱，学会了许多宣传技能。恰恰是这份热爱，促使我在今年五月份参与了"青佑之光"志愿服务团的笔试与两轮面试，最终加入了广水队宣传组，因为我想将自己这一份光和热散发在有用的地方。

一、志愿服务、感受生活

"我是湖北工业大学'青佑之光'志愿服务团赴广水'图灵之爱，编织未来'启智助学暑期社会实践队队员魏良慧。"在志愿服务团的二十多个日子里我这样自信地介绍我自己。我始终认为，在校是学生，在家是孩子。在不同的场景具有不一样的身份而又承担不同的责任。这次短学期实践，我的任务与责任就是，拓宽孩子们的视野，用镜头记录下我们的实践活动，让社会看到实践活动的意义。从长远来看，我认为我做的是志愿精神的传承工作。

正是这次"三下乡"暑期社会实践的经历，让我感受到了生活的质朴与努力的意义。孟子曾言："道之所在，虽千万人吾往矣。"许多人告诉我下乡条件艰苦，下乡不如旅行能收获见识与阅历，但我始终认为这是一个很好的机会，可以告别中学时期青涩而又认知不成熟的自己。我向往离开被钢筋水泥包围的城市，到乡间去感受风吹麦浪的古朴乡村民风。

在大学生活的一年里，我不但具备了胜任宣传工作的能力，还学会了如何更好地与人交际相处。这个夏天，我想要把我的能力运用到更有意义的地方。我加入广水队的宣传组,将我的镜头从"校园生活"转向了"乡村振兴"。我从一名学生校园生活信息传播者变成了"三下乡"精神弘扬者中的一员,站在另一个角度来看待世界与生活,转换的是身份,但不变的是我内心对宣传工作的喜爱和支持"三下乡"活动的初心。

二、支援社区、初次下乡

7月5日,在灰蒙蒙的阴雨天气之中,我们队伍一行乘坐大巴车从湖北工业大学出发,翻山越岭,最终顺着雨水泥泞的小路,来到了蔡河镇小河中心小学,展开为期二十天的暑期夏令营暨图灵社区网瘾少年帮扶计划公益项目。初到广水时,恶劣的天气环境、陌生的住宿环境和尚未熟络的队员是让我感到无助与不安的。而队长常常展露出开心的笑颜,展示着大方爽朗的性格;队员们一起整理住所,努力改善生活环境;大家一次又一次坐在庭下乘凉时进行真诚的交流;实践组长毫不犹豫地借我生活用品;后勤组努力做出可口的饭菜以及傍晚和阿姨们一起跳广场舞的时光……这些点点滴滴让我感受到了人与人之间真挚而又纯粹的情感。我在这次夏令营活动中收获了一群更加值得珍惜的小伙伴,也感受到了成长的意义。聚是一团火,散是满天星。我相信,即使夏令营告一段落了,这群可爱的小伙伴也能在自己热爱的领域继续发光发热。

为人师者,责任如山。当小朋友们簇拥上来抱住我的胳膊,喊我"老师!老师!"时,我的内心第一次感受到了角色的转变。俗话说:"为人师者,必先正其身,方能教书育人,此乃师德之本也。"老师不但要言传,还要身教。这让我想起"图灵之爱,编织未来"夏令营的意义正是在于帮助青少年儿童戒掉网瘾,爱上少儿编程。因此,我在夏令营的办公期间没有再打开手机游戏,毕竟,以身作则才能给学生们树立一个好的榜样。我是第一次当老师,第一次学着备课,更是第一次以师者的身份站上讲台。这次实践经历给我更多的感受是,不是我在教小朋友们,而是小朋友们在教我怎么变得更好!我很感谢小朋友们带给我这许许多多的第一次,让我战胜了刚站上讲台的焦虑与彷徨,也收获了讲演的从容与说话的自信。在这段时光里,虽然我是老师,但更像是他们的"学生",是他们给我上了社会的第一课。

三、祝愿美好前程

短短二十天的社会实践活动,令我收获到满满的感动、惊喜与爱。小朋友认为老师吃雪糕就会感到开心,所以要给老师买许多雪糕吃,希望老师天天开心。小朋友们给每位队员都折了许多纸星星和小蝴蝶,纸星星里藏着祝福的话语,小蝴蝶塞满了每位老师的桌子。每当我看到这些纸星星和小蝴蝶的时候,我都希望蝴蝶翅膀扑扇出一个个童年的梦,带着小朋友们飞出天窗,去发现这个世界天高地阔。我们都应该看看世界,也找找自己。

小朋友问我:"老师今年多大呀?"我说我今年十八,她感叹道:"那老师应该明年还能来的吧?"我沉默了,内心反复发问:"是啊,我明年还会来吗?"我知道承诺的意义重大。虽然我笑而未答,但内心依旧期盼着明年夏天的再会。"你必须不停地奔跑,才能使你保持在原地。"这是我很喜欢的一句话。此次暑期社会实践是我的第一次社会实践活动,但绝不是最后一次。有一分热,发一分光。心之所向,素履以往。

　　愿此去前程似锦,我们于道各努力,千里自同风,再相逢依然如故。

山间童年，青春盛夏

土木建筑与环境学院　侯雯静　（一等奖）

或许是因为从小的受教育经历让我了解了雷锋精神，或许是因为童年记忆里北京奥运会上热情洋溢的志愿者，以及新型冠状病毒肺炎疫情之中那些伟大的逆行者，在我心里埋下了一粒名叫"志愿"的种子。在上大一的一年里，我在课余时间参加了学校内大大小小的多个志愿服务活动，这不仅让我加深了对"志愿服务"的理解，也让我真正地感受到奉献给我带来的幸福和快乐。正因为如此，当我看到"青佑之光"志愿服务团在招募志愿者时，便毫不犹豫地怀揣着一颗热忱之心报了名，之后便来到了广水市小河小学。

一、从大山到大山，有关童年的交叠

我是从山西一座山城里走出来的孩子，我的童年记忆里满是一眼望去连绵不断的山峦。当我第一次走进小河小学，目之所及也皆是翠绿的山峰，不由得想起我的童年，于是我在心里暗暗地想，要给孩子们留下一段美好的童年回忆。

在此次广水之行中，我教的是美术课。课堂上，我用丰富的美术实践活动给孩子们打开一扇美的窗户，我带着他们画简笔画、玩拓印、做扎染……课堂下，清晨去给孩子们开校门，午休时照看孩子们睡觉，课余时间和孩子们聊天玩闹，放学后送孩子们回家……我和孩子们相处的每一寸时光都是明媚又温暖的。孩子们会偷偷在白板上写下对老师的感谢，他们会折许多写满祝福的小星星送给我们，不善言辞的小女孩会在临别之际给每个队员写一封小信，平日嘻嘻闹闹的小男孩也会在和伙伴吵架以后聆听队员的悉心教导……我不知道几年过后这些孩子们是否还会记得我们，但我相信这个童年的盛夏一定会给孩子们留下不一样的记忆，我也永远不会忘记和孩子们一起度过的我的另一个"童年"。

二、从讲台下到讲台上,有关教育的意义

在我的第一堂课上,我问孩子们:"你们平时上美术课吗?"令我吃惊的是,孩子们异口同声地回答:"没有!"美术课堂的缺乏,导致孩子们基本没有美术基础,这给我的授课带来了不小的困难。虽然我有一定的美术基础,但是第一次站上讲台的我,面对这样的困难,还是不免有些发怵。我查阅资料、认真备课,从点线面的认识到简单的图案设计,再到拓印和扎染的实践,我想要通过这短短的几节课,在孩子们的童年里,留下一缕名叫"美"的光。上了两节课之后,一说下节课上美术课,孩子们眼里就都有了光,特别兴奋地一遍遍和我确认。看到孩子们喜欢美术,在美术课上特别开心,我的心里也充满了快乐。

从讲台下到讲台上,从一个学生到一个老师,这样身份的转变既让我体验了为人师的辛苦与幸福,也让我对美术有了更深的了解。"教学相长也",在授课的过程中,我的能力也得到了提升。虽然我很早就了解了"扎染"这一技艺,但是在广水市我也是第一次动手实践。究竟什么是教育的意义?我想教育的意义可能就是在孩子们动人的笑脸里。

三、从学校学习到社会实践,有关人生的成长

从享受舒适床垫和凉爽空调的学校,到了只能打地铺吹风扇的乡下后,过敏、炎热、凉水澡……各种问题接踵而来。不仅仅在生活上,在工作中我也遇到了不小的挑战。除了教孩子们美术,作为宣传组的一员,我还要负责创作实践活动的宣传文案,这恰恰是我不那么擅长的,因此常常无从下笔,创作的文案往往不尽如人意。但是组长和组员还是一直鼓励我,帮我一次又一次地修改。有时候忙完工作已经是晚上九点甚至十点。从办公室往宿舍走的时候,我总喜欢抬头看向盛夏的繁星,这些闪耀的星星能够抚平我一天的疲惫。在生活和工作的磨砺中,在队员们的帮助和陪伴下,在孩子们的欢笑声里,我度过了美好的二十天。我切身地感受到,在这二十天里,我成长了许多许多。

在这山间的盛夏,在声声蝉鸣、鸟叫声中,在翠绿山峦掩映下,我看到了书本中所没有的课堂,收获了不一样的人生体验。我怀揣着满腔热情,用我的青春在孩子们的童年绘出一幅盛夏缤纷图景。携爱而来,带爱而去。度过这二十天的酸甜苦辣,我带着孩子们纯真的爱和队员们间友谊离开。

"三下乡"社会实践活动已经结束,然而这只是我的志愿青春的开始。作为一名新时代的大学生,我会继续秉承这份志愿初心,带着爱和热情继续走在青春之路上。

支教路上，照亮孩子的未来

工业设计学院 方欣媛 （一等奖）

在进入大学前，我时常会听哥哥讲述他在大学期间去下乡和支教的趣事及一些难忘的经历，之后我便在上大学前就暗暗下定决心，也要在大学期间亲身体验一番。于是在大一下学期的暑假，我一听闻学院举办"三下乡"社会实践活动就积极报名了。在经过重重面试后，我很荣幸地加入了"灼华"社会实践队。

一、支教工作的前期准备

由于本次"三下乡"社会实践活动的准备事项繁多，所以我们从今年五月份就开始着手规划了。这次我们的队伍一共有23位同学，分为四个小组。我加入的是教学组，并且自告奋勇地承担了教学组组长一职。前期我们的主要工作是收集大家计划开展的课程及相应的课程大纲，再经过讨论后确定具体的课程，并且根据大家准备的课时确定课表，做好每节课的教案。确定课表是我们遇到的第一个难题，因为同一位老师可能要上不同的课，我们常常因为课程冲突而忽视每个班的课时，又因为课时导致没有老师上课只能用学生自习填充。在成员们不断的沟通下，终于确定了合适的课表。

终于到了7月6日，参加"三下乡"社会实践活动的小伙伴们在学校大门集合，上午10点从学校出发，开始了此次支教的旅程。经过两个小时的跋涉，车窗里的风景已从林立的楼宇变成了黛绿的远山和苍翠的田野，沿着国道一路向东，终于来到了我们的目的地——黄冈市浠水县余堰小学。

二、支教工作的具体开展

这一个月里，我们经历了酸甜苦辣，也享受了一段令人难以忘怀的与小朋友们一起相处的珍贵的教学时光了。我是二年级的班主任老师,主要负责与管理二年级同学们下午的自习课,教他们写作业并且与家长及时沟通孩子们在学校的情况。令我印象最深的一名学生,他是一个留守儿童。他很聪明,也比同班同学的知识面广,但他不爱说话,并且不愿意与老师交流。最初我认为这名学生非常棘手,所以课下一有时间我就会找他聊天,并表示希望能和他做朋友,在我们一次次交流中,他逐渐放下了警惕。我发现他是一个很敏感而又机灵的孩子,我问他的梦想是什么,他说他未来想做一名军人,所以我经常用此激励他。他妈妈也经常在微信上联系我,询问我孩子的情况,当听到他家长说孩子很喜欢我,愿意听我的话之后,我超级有成就感,突然体会到当老师的开心。同样在最后一天,看似冷漠坚硬的他,也没忍住泪水,哭着说舍不得我们。

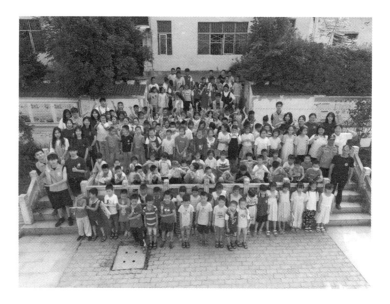

除了担任二年级班主任外,我也是书法课和声乐课的主教老师。在我的安排下,声乐课可以很顺利地进行下去。在授课的同时,我也看到了小朋友们的多才多艺,感受到了小朋友们对音乐的热爱。在我和胡老师的安排下,同学们完成了《萤火虫》的大合唱。在书法课上,对于小学一二三年级的小朋友,我不敢让他们独自使用毛笔和墨水,便将他们一个一个地叫到讲台上,手把手地教他们。高年级同学可以自己拿笔涂涂画画,他们对课程的喜爱度很高。在课下,每每有小朋友问我什么时候才能再有书法课的时候,我都很开心,很有成就感。

三、支教生活的感悟与期望

在这一个月的支教时光中,我们的活动内容丰富多彩。除了日常教学外,我们还有墙绘活动和对当地文化特色的调研活动,这些活动不仅锻炼了我们的动手能力,也增添了我们的文化自信。总之这次活动圆满结束,我收获颇多。通过这次社会实践活动,我也结交了很多新的朋友,拥有了一段特别的人生经历。明年暑假,我希望也能有机会继续参加此类社会实践活动。

人生海海,山山而川。我很幸运见证了孩子们的成长,也很幸运能与他们一同成长,希望小朋友们都能健康快乐地长大,永远赤诚、善良、勇敢、真挚!

因为爱而奉献,因为奉献而快乐

计算机学院　安泉波　(一等奖)

退伍以来,我时常在想,如今自己不仅仅是一名新时代青年,更是一名退伍军人,我该怎样才能身在盛世而不辜负盛世呢?怎样才能在更多的领域贡献自己的一份力量?我希望自己能尽己所能,帮助他人,服务社会,践行志愿者精神,传播先进文化。秉持着心中的理想信念以及对生活的热爱,今年暑假,我报名参加了湖北工业大学"青佑之光"志愿服务团,赴红安县参加了为期二十天的"三下乡"支教活动并担任后勤组组长。

一、身兼重担,期待相遇

相比于"00后"的支教队员,我是"90后"的哥哥;相比于"10后"的小朋友,我更是"90后"的大叔叔。我不仅想要当好一名老师,更重要的是要成为榜样,给大家力量。

临行之际,为了更好地为大家提供伙食保障,我把所有成员的饮食忌口统计了一遍,购买了支教期间可能需要的各种药品。或许是因为作为一名学长的责任与担当,我还把队员们刚开始需要准备的所有衣食住行有关的生活用品全部统计了一遍,细到拖鞋、纸巾、指甲剪等。

因为即将成为一名老师,我也感受到了深深的压力。出发之前,我写了一份又一份的教案,进行了一次又一次模拟讲课。我担心孩子们会不喜欢我,会不喜欢我的课堂。为了更好地吸引他们的兴趣和激发他们的好奇心,我决定带上我的军装,希望以军装进课堂的方式来激发他们的求知欲,唤起他们的共鸣与思考。

我还特意准备了一份神秘的礼物——国防服役章。对军人来说,国防服役章是意义非凡的,它代表着一段青春,满腔热血,每一名军人只此一枚,但是如果它能化作希望的种子播撒在某个孩子稚嫩的心田里,作为他精神信念的支柱,帮助他实现自我,我愿意将它赠予他,让它在孩子心底熠熠生辉。最后将国防服役章送给了最需要它的孩子,在孩子拿到它,脸上洋溢着幸福的笑容的那一刻,我也感受到支教的意义了。

"赠人玫瑰,手有余香。"做支教志愿者是一件快乐又有意义的事情,在帮助他人的同时,我们也帮助了自己。在支教的短暂时光里,我能看见稚嫩的学生在教室认真地学习,在操场上自由地奔跑与打闹;我能听到可爱又有礼貌的学生亲切的向我问好;我能享受到上课时与学生们一起沉浸学习海洋中时光的快乐;我会因为上课时他们积极踊跃地回答问题、下课围着我追问而感动。他们是多么的天真单纯,他们眼里总是充满对未知世界的好奇和对新知识的渴望,而我在尽我所能教他们知识和开阔他们眼界的同时,也对所学和所知有了新的感悟。

二、熟悉现状,期盼相望

在此次支教中,我们还采取了家访、问卷调查等形式去了解孩子们的现状,这让我发现了很多平时被我们忽略的问题。村里整体教育水平较低,缺乏长期稳定的教师。一些上课所需要的基础设施和物件都很缺乏,设备比较老旧,教室里没有空调,夏天天气炎热时,孩子们也只能顶着高温在教室里学习。大部分学生都是留守儿童,他们的爸爸妈妈迫于家庭生计常年在外打工,将孩子交给了年迈的爷爷奶奶来照顾,这就导致孩子们都不太懂一些他们这个年纪应该具备的生活常识,缺乏见识和眼界。面对这样的情况,我们只能力所能及地做些小事去帮助他们。我们利用周末去了解当地红色文化、采访非物质文化遗产传承人,以新闻稿、短视频等方式帮助当地做宣传,希望能在以旅游文化带动经济发展方面尽我们的微薄之力,同时我们也向当地政府提交了意见信,希望政府能够重视孩子们的教育问题。

三、展望明天,期许未来

电影《志愿者》中有这样一句台词:"一个人的一辈子有 70 年,如果把七十分之一的时间拿出来做一件有意义的事情,那么人生将更加完美好。"我想有很多人和我一样,也在尽自己的微薄之力去为社会做贡献,去给需要的人们多一分温暖,多一份快乐,多一份知识。

为期二十天的支教活动但总归是,说长不长,说短不短,在这小小的村落里,有太多的故事,有太多的感动,还有太多太多的深情。在这里,我与服务团的成员们、家长们、小朋友们用爱感受爱,用爱包围爱,用爱回馈爱。这是我难忘的一次经历,也是我生命中一笔宝贵的财富。

青春正当时,只争朝夕,不负韶华,做自己的奋斗者,做社会的奉献者,做国家的后盾者。春风细雨抚慰凡人心,苦难挫折磨砺匹夫胆。我们在人生的道路上总会遭遇荆棘,但纵使前路泥泞,只要我们心中有爱,我们就总能冲破屏障,迎接日光。

绿水青山就是金山银山

土木建筑与环境学院　孔　婷　（一等奖）

2022年夏季短学期实践，我所参加的短学期实践是"筑匠传媒艺术节"活动，该活动主要是围绕"深入接触、了解社会"的主题展开，具体内容是针通过对PR(Adobe Premierr)软件的学习，对家乡环境进行社会实践调研。

建设生态文明是关系人民福祉、关乎民族未来的大计，是实现中国梦的重要内容。"绿水青山就是金山银山"生动形象表达了我们党和政府大力推进生态文明建设的鲜明态度和坚定决心。所以在本次实践中，我希望可以通过剪辑视频来倡导"绿水青山就是金山银山"的理念，为宣传家乡的绿水青山贡献自己的一份力量。

一、实践过程

在实践活动初期的构思阶段，我并没有明确的目标与方向，在听取指导老师的意见后，我打算出门去寻找灵感。

我的家乡是贵州大山里的一个山清水秀的小乡村。碧蓝如洗的晴空

下,是群山环绕的青色盆地,涓涓细流横跨其间,田间小道错落有致,道上还有许多小动物、爬虫、飞鸟。优美的环境让动物们得以悠闲地在田园里生活,可是信息蔽塞、交通不便,也令家乡经济落后,人们生活困顿。对美好生活的向往,促使越来越多的年轻人背井离乡,去城市闯荡。发展本地经济,让年轻人回归,成为家乡的头等大事。

而如何将优美的风景和发达的经济和谐统一?我意识到,自己或许可以通过制作视频来警示人们,经济发展不能以环境的破坏和资源的枯竭作为代价。

在有了大致思路后,我计划按拍摄家乡、收集素材、学习 PR 软件、剪辑视频四个步骤进行实践活动。首先是为了充实视频,使视频内容更加丰富,我在各类视频网站上进行素材收集。通过观看关于城市污染的视频,我发现都市繁华的背后往往是严重的生态破坏、环境污染,这让我更加深刻地认识到了习近平总书记所说的"绿水青山就是金山银山"。家乡经济发展刻不容缓,但保护家乡生态同样重要。家乡发展必须吸取城市发展的经验教训,在经济发展的同时也要保护生态环境。

准备好相关素材后,我开始了剪辑。因为之前并未接触过 PR 软件,所以我需要从基础的剪辑方法学起。在这期间我遇到了许多问题,比如添加背景音乐。好听的音乐很多,但是一插入视频当中就显得不够契合,纯音乐听起来又好像差不多,很难把握插入视频的时机和音量。为了解决这一问题,我去学习了一些他人整理好的视频配乐教程,在专门的背景音乐库里根据情绪和使用场景挑选,最终还是完成了自我满意的作品配乐。又如剪辑后的视频主旨不够突出,内容衔接不够自然,在这方面,我的指导老师给了我许多建议,并帮助我成功解决了这些问题。

二、实践收获

剪辑过程虽然坎坷,但也让我受益匪浅。经过四个星期的不断尝试与修改后,我终于剪辑出了理想中的视频,看着视频中城乡巨大的贫富差距,我清晰地意识到了家乡发展经济的急迫性,而城市水体污染、空气污染、噪声污染,又时刻提醒着我保护生态环境的重要性。无论是工业城市的重金属污染,还是矿业城市的地面塌陷,都给当地的人们生活带来了巨大的影响。这些前车之鉴告诫着我们,自然资源不只是单纯服务于经济发展,经济发展不是对资源和生态环境的竭泽而渔,生态环境保护也不应是舍弃经济发展的缘木求鱼,环境本身就是财富,须在环境保护的前提下发展经济。保护、开发和利用好自然资源就是积蓄财富、发展经济。

希望我剪辑的视频能带给大家一些关于生态环境保护与经济社会发展之间关系的思考,真正理解"绿水青山就是金山银山"。保护生态环境不被破坏和污染,功在当代,利在千秋,让我们一起努力开创社会主义生态文明新时代。

小城夏天,我们一起守护朝阳

经济与管理学院　汪宇琴　（一等奖）

2022年7月4日,我作为湖北工业大学经济与管理学院"薪火青团"守护朝阳社会实践队中的一员,在学校门口与大家集合,踏上前往红安县的旅程,开启期待已久的支教生活。这时的我,心情忐忑与期待并存,我幻想着自己将遇见什么样的小朋友,在将要去的小城镇,会和哪些人共同书写故事。

辗转多次,我们到达了目的地,一个带有红色基因的小城——红安县。而作为一个老家在红安县的人,我其实对当地已经有一定程度的了解,但是当我跟同学们一起来到红安县,一起走进小学时,却觉得一切仿佛都不一样了。接触到热情善良的家长,活泼可爱的学生,一切的一切都让人感觉到世界的美好。

一、清晨——朝阳炙热

夏日的太阳总是像个烤炉,有光的地方就是有热的地方。

"大家好,我是你们的汪汪老师。""汪汪老师,是汪汪队立大功的汪汪吗?"孩子们兴奋地问道,"是的哦!"在这样的对话中,我们开始了相识相熟之路。

课前在阴凉地做早操,结合当下比较流行的欢乐歌曲,孩子们跳得不亦乐乎。有孩子说道:"老师,你知道吗？以前在学校,我期待的只有课间和体育课,现在的每时每刻我都很开心,每天都会期待接下来的早操一起要跟老师们学什么呢。"听到这,我不禁动容了,孩子们真的很喜欢被陪伴的感觉。这个夏天,我们守护着朝阳。

二、正午——骄阳似火

烈日当空,孩子们不畏炎热,仍热情洋溢。

作为教务组的组长,我真正给孩子们上课的时间可能也不太多,更多地是监督课堂纪律,处理突发事件。而我所教的课程就是自己比较擅长的舞蹈。虽然是教孩子们舞蹈动作,但也需要注重孩子们的身心健康发展。于是乎,课堂开始从身边引入,以所在高桥镇的高桥古桥为引子,启迪孩子们,要学会感恩,以感恩之心去对待身边人、对待一切事物。

作为湖北工业大学经济与管理学院的一名学生,我的专业是金融,因此在各班班会期间向孩子们普及了一些关于金融的知识,有孩子说:"老师的大学生活一定很丰富吧,我以后也想学金融。"用自己所学的知识回报家乡,温暖孩子,向他们描述未来他们可能会经历的生活,守护家乡的朝阳,令我感到安心和快乐。

三、黄昏——落日余晖

结束了一天的课程,我们会两人一组去进行家访,将孩子在家的情况与学校表现结合起来,以便对孩子有进一步地了解。

在家访中,令我印象最深刻的是一位五年级的小女孩,她小小的个子,却有大大的能力。作为家里的老大,她不仅要学习,还要帮忙照顾家中的两个弟弟。听她妈妈说,她是一个很会照顾人的孩子,经常帮助妈妈做家务,就像一个美少女战士,活泼开朗,积极上进,自信美丽。在家访过程中了解到,她最小的弟弟与她相差十岁,每当弟弟哭闹的时候,她抱着弟弟摇一摇,晃一晃,小弟弟就不哭不闹了。她如今也不过是十岁的孩子,照顾孩子却如此娴熟,令人心疼。

不知不觉,支教已进入尾声,伴随着伤感的情绪大家也积极筹备了最终的文艺汇演。看到孩子们竭尽全力去表演节目,我知道,她们也是想要留下自己最好的一面,我们一定会互相铭记,铭记这段互相温暖的时光。

在这个小城的夏天,我们的行动对孩子们来说也许只像微光,仅照亮他们一点点,可我们的历程灿若星河。在支教过程中,虽然经历了物质与精神上的双重考验,但是感受到了孩子们的天真可爱与热情。我们带着自己的一分热去温暖她们,殊不知她们也在以自己的方式来慰藉我们,这是一个双向奔赴的过程。如果可以,我希望自己能继续参与支教活动,为自己家乡的建设贡献一份力,为祖国的建设贡献一份力。

星轨遍布天际,我们未来再见

经济与管理学院　潘诗宇　(一等奖)

2022年7月4日,我随同湖北工业大学经济与管理学院"薪火青团"社会实践队来到红安县高桥镇詹店中学,开展为期三周的暑期支教活动。通过教授孩子们课堂知识,开展趣味活动,组织家访深入了解孩子们生活学习情况,陪他们度过了一个丰富多彩的暑期夏令营,给乡村孩子们送去教育和关爱,贡献了一份自己的力量。

我们本是一颗颗独自散发微光的星星,因为轨迹交织,碰撞出火花,绚烂了这个独属于我们的盛夏。社会实践支教工作已告一段落,这三周有太多难忘的瞬间,认识了一群活泼可爱的孩子们,发生了一系列彼此温暖、振奋人心的故事。感谢所有的相遇,星轨交织,弥足珍贵,值得收藏。于是提笔,有感而发,供日后细细品味。

一、这一路的奔赴，将不可能变成可能

我是教务组的一名舞蹈老师，上完第一堂课时，我就意识到这一群孩子完全没有接触过舞蹈。因此，授课内容对于他们来说是非常有难度的。为了适应孩子们的能力，同时提高孩子们对舞蹈的兴趣，我及时调整舞蹈，简化动作，反复打磨。每堂课我都会观察孩子们的进度，及时调整节奏和动作，鼓励孩子们大胆去跳，尽情展现自己。最后，令我意想不到的是，孩子们都学会了我所教授的舞蹈，并在最后的结营仪式上进行了展示。当我看着他们有些笨拙但铿锵有力的舞蹈动作时，当我看着七十多个孩子在操场上齐跳一支舞，挥洒青春热血、振奋全场时，当我看着他们每个人脸上洋溢着幸福笑容时，我感到无比地骄傲与自豪，不禁热泪盈眶。我骄傲，他们每个人都不放弃，勇于挑战自我，坚持学完舞蹈，变得更加自信；我自豪，他们能团结互助，会彼此纠正动作，共同呈现了一场令人激动的青春盛宴，就像一颗颗小星星聚在一起，大放异彩。

另外，我也是二班的班主任，主要的任务是：及时关注班上每位同学的学习动态并做出反馈；管理每天出勤情况，时刻关注孩子们的安全；定期召开班会，和孩子们作进一步深入的交流。令我记忆犹新的是那次运动会，定点投篮项目只有少数几人愿意上场。面对着有矫健投手的一班和实力强大的三班，孩子们望而却步，他们不相信自己会赢。我极力鼓舞二班孩子们，振奋士气，最后全员参加。在炎炎夏日下，他们每个人拼尽全力，不论男生女生，一个接一个投篮，在篮筐下尽情挥洒汗水。最后，令所有人都出乎意料，二班同学定点投篮第一名。那些欢呼雀跃、奋力奔跑着的孩子们如同璀璨的夏日之花，顽强坚韧，惊艳了我们。

二、这一路的奔赴，"朋友"二字是最好的诠释

作为二班班主任，我还有一个重要任务——家访。每晚放学，我会跟随家访学生一起回家，踏着落日的余晖，我们就孩子的学习问题一起进行交流，并分享彼此的生活。我和队员们总共家访了二班12个孩子，每晚七点多家访完返校的时候，我都是收获满满，虽饥肠辘辘，却不觉疲惫。我家访

过学习上有困难的孩子,家访过时常和弟弟闹矛盾的孩子,家访过常和父母闹别扭的孩子,也家访过平时沉默寡言的孩子……每次家访的过程,都是心与心彼此拉近的过程。我会站在他们的角度,忧其所忧,尽力为他们排忧解难。正所谓"赠人玫瑰,手留余香",当听到"老师,你是我的知音。""老师,你是我的好朋友,我愿意把秘密分享给你听。""老师,欢迎你去我家家访。"的时候,我的内心无比感动。我知道,我获得了孩子们宝贵的信任,我的关心和守护有了回应。

这一路的奔赴,支教老师们一起努力着,共同策划着各种活动:"弈棋向未来"象棋比赛、"薪火杯"知识科普竞赛、辩论赛、英文唱歌比赛、文艺汇演……争取为孩子们带来最好最棒的夏令营体验。我们都是漫漫长路的星空赶路人,一起生活,互帮互助,在欢声笑语中给彼此留下了珍贵的情谊。不负这一路的奔赴,我十分荣幸,收获了"大朋友"们和"小朋友"们的友谊,我格外珍惜这来之不易的相遇。

三、这一路的奔赴,所有故事都是赞礼

短短三周,我们从相遇到相知,令人动容的是,我们并不是单向奔赴,孩子们也在竭尽全力向我们奔赴而来。孩子们向老师们分享着:"老师,你也吃点吧!""老师,你看我的画好不好看?"他们的脸上尽是灿烂笑容。孩子们也关心着老师们:"老师,你嗓子有些哑了,记得吃点润喉糖。""老师,你别生气了,我们会好好听话的!"他们眼里尽是诚恳与期盼。孩子们也在努力追逐老师们的脚步:"老师,我会努力考上湖北工业大学的!""老师,CUBA篮球运动员好厉害啊!"孩子们也在留念着我们:"老师,我好舍不得你们!""老师,明年夏天你们还会来吗?"他们眼神里尽是不舍和难过……一帧帧美好画面不断浮现在我的脑海里,勾勒出这个夏天最美好的模样。他们给我们写感谢信,写祝福语,我被他们的懂事感动着,温暖着。我更加坚信,我的支教选择是无比正确的。

在三周的实践过程中，我感触颇深，也收获了许许多多的温暖与感动，我们一起共享着人间真情。用三周不长的时间，做一辈子值得纪念的事。红安县支教之旅，不虚此行。感谢所有美好的相遇，感谢彼此坚定的选择，星轨遍布天际，我们未来再见。

以脚步丈量祖国大地，用内心感受时代脉搏

土木建筑与环境学院　卢新宇　（一等奖）

为保护历史文化街区，推动美丽乡镇建设，我们湖北工业大学土木建筑与环境学院"筑匠"志愿服务队在今年七月前往枝江市董市镇开展"三下乡"社会实践活动，进行为期一周的居民访谈、建筑调研与气候监测等工作，切实推动当地老正街修复工作的进程。

今年也是我第二次参加"三下乡"社会实践活动，每一次的"三下乡"社会实践之旅都给我不同的收获，同样，这次社会实践活动也让我感触颇丰，但不变的是我那颗永葆热情的初心。

一、老正街改造需要以人为本

7月15日一早，我们一行五人踏上了去董市镇的路，我们到达董市镇第一时间就去拜访了城建办尤主任，尤主任热情地接待了我们。我们向尤主任询问了当前老正街改造存在的问题和阻力，尤主任给我们提供了一些居

民和乡贤的家庭住址以便我们进行访谈工作。辞别尤主任,我仔细回想尤主任的话语:"当前老正街改造工作势在必行,但目前最主要的工作就是了解老正街上居民的实际需求,要让老百姓住得舒服。"可见改造工作无论怎么做,但中心思想都是以人为本,政府时时刻刻都在为着老百姓着想,而我们建筑学子未来做任何工程都需要把人民的心声与需求放在首位。

二、老正街改造需要心系百姓

在接下来的几天时间里,我们持续在老正街上走访居民、实地踏勘。炎炎烈日,抵挡不住大家前进的脚步。通过居民访谈,我们了解到各位乡贤对董市镇、对老正街都有着强烈的自豪感,提到老正街他们都有说不完的话语,他们渴望董市镇老正街能够焕发新颜,重现当年繁华的盛景。

走访过程中,我们也感受到董市镇居民淳朴的民风,当地居民对我们热情备至。令我印象深刻的是当地房建部门胡烈礼老人,在我们临走时他紧紧握住我的手说:"感谢湖工大学子在这么热的夏天来到我们枝江市董市镇,来造福我们当地的百姓。"看着老人我不禁眼眶有些湿润,我们在未来以己之力建设祖国的时候会以董市镇的前辈们为榜样,心系百姓。心中有大家,才能肩上有担当。

三、老正街改造需要精益求精

"纸上得来终觉浅,绝知此事要躬行。"此次调研,我看到董市镇人民政府工作人员一遍遍踏勘老正街,一遍遍确定方案,为的就是精益求精。而我也发现老正街上的古建筑经历百年风雨,但躲水楼、防火山墙等仍然完好无损,记录着古人的智慧,这些智慧对于修缮工作的顺利开展意义重大。"读万卷书,行万里路。"书本知识终归是有限的,我们应该将所学知识用于实践,注重细节,这样才能安得广厦千万间,成就一番事业。

以前我是实践队的一名队员,而现在我是实践队的队长,我所肩负的责任更大了,在未来我可能是建设祖国的一名"建筑人",真正做到以人为本、心有情怀、精益求精。虽然此次调研工作已经告一段落,但是我们将带着我们的调研结果继续开展修复的设计工作,为老正街的修复工作持续添砖加瓦,相信在不久的将来,老正街终会重现往日辉煌。

教育之路始于足下，青年实践千里之行

材料与化学工程学院　赵逸阳　（一等奖）

"知之愈明，则行之愈笃；行之愈笃，则知之益明。"实践是认知的来源，是认知发展的动力。而暑假实践活动恰恰是格物致知和躬行实践相结合的产物，它的重要意义不言而喻。

那次广西暑假实践行已经过去许久，但如果此时你问我："让你再次选择，你还会去广西吗？"我想，我的答案依然肯定。

一、初入广西青空间支教点

2021年7月19日，出征。

十七小时的火车硬座，一千多公里的路程，还有十颗热烈而坚定的心。夜晚的车厢，是闷热且嘈杂的，上上下下的乘客们，深浅不一的呼噜声，若有若无的泡面味……我们的故事，也由此拉开序幕。

7月20日下午四点,我们准时到达了广西青空间支教点。这里与我的想象还是有很大不同的。没有厨房,没有卧室,似乎什么都没有。但很快,在研支团学长的帮助下,我们逐渐备齐了生活用品,生活水平也蒸蒸日上,可谓是实现了支教中的"小康生活"!

二、开启支教生活

早上八点半,开始了晨读。"少年强则国强,少年智则国智……"小朋友们的琅琅读书声可真好听,可总有几个小毛头不读。为什么不读呢?是被窗外叽叽喳喳的小鸟吸引了,还是早上的教室有些闷热?也许都有吧。我喜欢洁洁老师每天早上拿出"小蜜蜂"一句一句地领读,我也总会在下面偷偷地跟着读"五花马,千金裘,呼儿将出换美酒……"

好啦,早读结束了,休息一会吧,看看今天上什么课呢?原来是小许老师的体育课。瞧!小朋友们一起跳大绳,一起抢篮球。大绳跳起来真的好吓人,啪嗒啪嗒,可有的小朋友真的很会跳,十个二十个信手拈来。小熊老师也很会跳绳呀,唰唰唰,啪嗒,绳子跳断了,小朋友们捧腹大笑:"下次可要跳慢点!"

蜜蜜老师的"小诗人"课也总是吸引着我的目光,我曾一度不相信小朋友能理解诗歌,但你若看到这些诗歌题目——"如果我是小度""如果我是抱抱鱼",你也会被孩子们的天真可爱而感到忍俊不禁。

除此之外,我们还有许多有趣的课程。巧玲老师的天文课将天文知识融入到课前小游戏,学玩结合,趣味无穷;小金老师的成语课好词金句频出,笑声掀翻了屋顶;鲁蛋老师的地理课上偶遇一批"小钢筋",师生斗智斗勇,乐趣无穷;小刘老师的方言也成了孩子们钻研探索的知识;萱萱老师的茶艺课活色生香,余香绕梁……

丰富多彩的课程给孩子们的童年增添了无数欢声笑语。但在我印象中,有一个叫小智的孩子,他似乎游离于欢笑声之外。在折纸课上,他坐在角落,一言不发,默默看着我折纸鹤,我轻声问他:"你怎么不折呀?"他腼腆地摸摸头不说话,阳光照耀在他身上,晕出一圈金色的轮廓。我走过去蹲下身子,看着他,认真地说:"我来教你,好不好?"他思索片刻,点了点头。可惜我也是个"半桶水"老师,折到一半也抓耳挠腮,小智不急不恼,跟着我一步一步返工,再一步一步重试,他认真的侧脸、低垂的睫毛好看极了。当我们手中同时出现两朵皱巴巴的"郁金香"时,他的脸庞顿时绽放笑容,仿佛获得了全世界。

还有一个胖乎乎的小男孩叫唐福。他不管学什么,都会可怜巴巴地看着我,嘟囔道:"老师,好难啊!"但是他一学习起来就无比认真。我们在学《Little Star》的非洲鼓,他几番尝试之后,就主动跑来告诉我哪几句他已经掌握好了,哪几句歌词还存在问题,分析得无比透彻。在拍鼓的时候,因为双手要拍鼓,他就斜着身体用屁股压着词谱,一边扭着身体看词谱,一边愉快地唱歌敲鼓,样子滑稽又可爱。一阵风吹来,词谱飞了,他急得手忙脚乱,一阵小跑追风而去。

上午的课程结束了,我准备奖励自己一个安静的午休。但窗边出现了一颗"小栗子",是哪个小毛头对老师恋恋不舍?门外传来窸窸窣窣声,又是哪个捣蛋鬼在给老师传纸条?就让我打开大门说亮话,咱们好好讲讲道理吧!门吱呀打开,孩子们做着鬼脸跑远了,只留下树梢的风声和知了声。

三、教育之路始于足下

这里的孩子都有着不同的性格。有的宛如田埂上安静的雏菊,有的恰似枝头热闹的喜鹊,有的孩子给予我们热情的拥抱,有的孩子却只会在角落用目光追随我们的身影。唯一相同的是他们的童真与童心,他们将自己的期待藏在小小纸鹤里,也把留恋写在便利贴上,在离别时偷偷粘在老师的背上。

他们是八桂大地的未来,用纯净的眼眸凝望未知的世界;而我们是荆楚之地的学子,用满腔的热情开启支教的篇章。我们一路向南,怀着对党和教育事业的向往,追随着革命先烈长途跋涉的脚步,将知识的光投向这一片土地,照亮一颗又一颗童心。

"纸上得来终觉浅,绝知此事要躬行。"作为新时代的青年,我们有义务肩负起报效祖国的重任,而这个任务,也可以从一次实践活动开始。教育之路,自当始于足下;青年实践,终遂千里之行。

入户走访听民声，乡村振兴齐献策

土木建筑与环境学院　向梦旭　（一等奖）

我出生在山东省淄博市的一个小乡村，朴实无华的小村庄是我童年的底色。我常常奔跑在弯弯绕绕的小胡同之间，直到夕阳西下，天气渐凉，才会被一句远远的"回家吃饭"唤回。村里的爷爷奶奶们会在这时搬个小板凳坐在门前，我凑在他们跟前，和他一起看被染成橘红色的天空……泥土、草地、蓝天、白云，衬以虫鸣鸟叫和繁星点点，这成为我对乡村的回忆。

上大学前，我在填报志愿时毅然选择了城乡规划专业，期望有朝一日能够运用所学，为自己的家乡建设添砖加瓦，为实现乡村振兴战略贡献一份自己的力量。而短学期实践活动成为我靠近梦想的契机。

大一时，我参与了家乡建筑认知实践，用新的眼光观察家乡的文旅建设。我曾到山东省淄博市博山区红叶柿岩理想村进行实地调研，并利用ArcGIS软件对其高程、坡向和坡度进行了分析。大二时参与了中韩城乡生态规划设计研究短学期实践，在对比学习中体会生态规划的重要性。

2022年暑期，我再一次选择了与乡村振兴息息相关的短学期实践项目，并第一次实地前往湖北宜昌的枝江市董市镇进行"三下乡"社会实践活动。这次入户走访听民声的经历，给我留下了深刻而美好的回忆。

我们一行人到董市镇老正街进行现场踏勘，沿着街巷寻找青石板路的踪迹，听着鸟鸣想象躲水楼的前尘记忆。我们近距离触摸古建筑的智慧，仿佛旧时的繁华就在昨日。古时的老正街沿街商铺繁华热闹，又因面临长江，是当时非常重要的商品集散场所，但是随着时代变迁逐渐变得萧条衰落。经历梅雨期的三场暴雨，又进入高温雷雨交加的盛夏，董市镇老正街上，那些经历了四百多年的老房梁在风雨中"咬紧牙关"，坚强地支撑着已经残破的老屋，正在期盼着后人的呵护与修复。

倾听乡贤声音,探寻古镇记忆。我们深入到当地居民家中进行入户访谈,爷爷奶奶亲切的笑容扫去了我们的疲劳,他们骄傲地向我们讲述老正街往日的繁华,字字句句透着对老正街重现繁荣的期望。经了解,老正街的路面、下水道、天然气等基础设施建设是当地居民最希望解决的。我们离开的时候,爷爷奶奶再一次向我们表达了感谢以及期望。

通过实地的调研探访,观察社会现状,感受乡镇的发展变革,做到"用脚步丈量祖国大地,用内心感应时代脉搏",我在提升专业技能的同时也收获了快乐和满足。短学期实践让我们在较平时轻松的学习氛围中学到更多的东西,给了我们更加弹性的学习空间,让我们更加自主地构建知识体系。

打开"世界之窗"
——2022暑期"三下乡"支教活动

机械工程学院　任秋洁　（一等奖）

2022年暑假，我参加了"三下乡"支教活动。在这次实践活动中，我体会到了不一样的人生。古人云："千里之行，始于足下。"实践的目的就是要我们切身投入到这份事业之中去。"知"与"行"在这次实践中有了很好的体现。在行之前必须先了解透彻，在知的基础上加以行动，二者是密不可分的。我们支教队员不仅要构思自己讲课的内容，还要思考如何在课堂上生动有趣地将知识传达出，让孩子们能够深刻地理解知识。

一、初入闫河小学

在闫河小学我见到了一群可爱的孩子，他们有着稚嫩的脸庞、纯洁的心灵、天真的笑容。初见时，他们的脸庞有着羞涩、眼神里带着好奇与打探。从陌生到熟悉，不过短短半日，我们便已成为无话不谈的好朋友。在课堂上，我们认真、严肃对待每一个问题，表扬每一位勇于发言的孩子，给予他们自信。在课堂下，我们一起玩乒乓球、篮球、排球……我们是老师，同时也是他们的朋友。每天早晨，我们到学校时总有一些孩子早已经在学校等待老师们的到来。在一声声"老师"的呼唤声中，在孩子们的簇拥下，我们开始了新的一天。

琅琅书声透过窗户传到了每个人心中，嫩绿的小草散发着泥土的香味，伴着孩子们学习。令人难忘的是批改作业时，那歪歪扭扭的字述说着童言童语，一些奇怪的答案令老师们啼笑皆非。辅导作业时老师们也是尽心尽力，讲得透彻。天气炎热，在那一隅之地条件更是艰苦，支教队员们经常热得满头大汗。我们问孩子们："你们热吗？"他们说已经习惯了。简单的话语让人为之心疼。教学楼只有一栋，所谓的操场长度不过两三百米，课桌、椅子已经用了很久,有些已经开始摇晃破损。在这样艰苦的环境之中,他们仍在努力学习,想要励志成才、报效祖国、建设家乡,因此他们觉得不苦。

二、了解乡村实际需求

乡村振兴不仅仅在于经济振兴,更重要的在于科技、文化、教育振兴。此次支教活动虽然时间有限,但影响却是深远的。在"三下乡"活动中,我们的所学所思皆是课本中不曾体现的。通过实践,我们能切身感受、真切地了解到社会最需要的是什么。而我们的讲述,能让孩子们见识到外面美好的世界,让他们心中有志,以后能走得更远更长。

走出课堂、走出校园、走向社会是每个大学生成长的必经之路。在此次活动中,我认识到了作为当代大学生应当肩负的责任与担当,明白今日美好生活来之不易。作为大学生的我们应该立志为祖国的乡村振兴添砖加瓦,了解民情,认识国家和人民最需要的是怎样的人才,我们应当朝这个方向努力前进。经过此次实践,我思考了未来的职业方向。如今国家大力发展乡村振兴战略,不仅仅是经济振兴,教育也不能落下。教育是乡村振兴之根本。教育兴,国家兴;科技兴,国家强。

三、打开乡村孩子新世界大门

我们愿做孩子们的眼睛,带着他们向光明不断前行。我们愿在他们心里种下一粒粒种子,期望他们有朝一日能走出家乡、走向世界。而作为青年一代的我们更是要立志成才,奔赴下一场山海,努力将祖国建设得更加美好,为祖国的繁荣昌盛和人民美好的明天而努力奋斗!

海草房开启我的生态规划研究之旅

土木建筑与环境学院　隋　艺　（一等奖）

知者行之始，行者知之成。所有知识要转化为能力，都必须躬身实践。我们学校的短学期实践，旨在引导不同年级、不同阶段学生参与实践、砥砺成长，而每次参加短学期实践，都能让我在实践中学真知、悟真谛，加强磨练、增长本领。本次参加的"城乡生态规划经典案例研究"短学期实践，更是令我收获满满，感触良多，并且对专业有了更深刻的理解，自己的能力也有一定的提升。

一、实践过程

选择"城乡生态规划经典案例研究"短学期实践的初衷，是希望它能填补我大二过渡到大三的暑假时间的空白，让我对专业学习有更深刻的认识。在短学期实践项目开题的第一天，老师提出我们可以去找当地经典的生态规划案例。了解到我的家乡是山东省威海市文登区，老师建议我去调研邻市荣成的海草房村落，通过线上收集资料，总结案例的特色、优缺，并且根据情况进行线下调研。

在这之前我从未了解过家乡的生态村落。虽然海草房对我来说从不算一个新鲜事物，但习以为常的忽视令我对它并没有深入的了解。在确定短学期实践任务后，我便开始了我的研究。从第一阶段的概念了解，到第二阶段的横向对比，到第三阶段的纵向深入，再到最后的实地调研，不同阶段都有不同收获和体会。

最开始以海草房作为研究对象去搜集资料时，大部分资料是在网页上做较为浅显地搜索而得来的，也参考了一些论文，但并没有进行筛选，做出来的 PPT 在深度上存在不足，但一时之间又没有更好的思路。此时老师为我指点迷津，让我将目光放在类似案例上。在老师的建议下，我选择通过其他国家的生态案例进行横向对比,来寻找海草房的优势和不足。

在与日本合掌屋对比时,我深刻感受到了海草房在建筑技术上的优越性,并感受到人们对海草房的保护和发展不足。虽然海草房有"百年不腐"的美誉,却仍因为从事海草房修建人员变少、技术日渐失传而逐渐消失在人们的视野中。相较于日本合掌屋的"八条保护措施",荣成当地基于生态与旅游视角的动态保护与优化规划海草房村落的策略,在落实等方面还存在着一些的问题。如何避免"千村一律",保护传统村落的地域特色,是每一个建筑规划专业的学子都要思考的问题。

带着这样的思考,我开始了对海草房的进一步深入研究,来发掘海草房在规划方面展现出来的优势与先辈的智慧。我从空间分布概况、自然人文环境、村落系统空间结构和村落内部空间构成四个方面进行分析。从建筑方面深入到规划方面,我对海草房村落的布局规律以及空间形态都有了新的认识。海草房紧密的排列不仅是渔家文化的体现,更是对微气候的调整,是先辈们通过实践积累下来的智慧结晶。最后,我又在老师的建议下量化数据、归纳结论、理清逻辑,进行了本次短学期的收尾工作。

二、收获感悟

每一次汇报,老师都为我理清思路,抽丝剥茧地分析问题,在一次次汇报和老师的引导下,我学会了很多思考问题的方法。在自己收集资料的过程中,我也提升了阅读文献和抓住文章重点的能力,了解到更多收集资料的渠道,也切实体会到收集资料的不易。一次短学期实践,不仅让我对当地旅游业的发展有了初步认知,也让我发现了目前对海草房保护措施的不足之处,发现了理论结合实践的重要性。

在开学前夕,我前往东楮岛村实地调研,参观当地保存完整的海草房村落,切实感受街道空间,并且拍摄了一些海草房照片。踏在石板路面上,习习海风吹散了之前搜集资料带给我的困惑和疲惫,我所记录的数据、读过的论文、搜集过的图片从纸面上飞下,交织成了我眼前的景色。学者论文最后情真意切的致谢,市志中饱含深情的记录,苦匠日复一日的坚守,都让这条历史街道上闪耀着人文精神的温润光芒。古朴的街道上,年月无声流淌,先辈的智慧结晶仍在时光长河里熠熠生辉,而站在这条街道上的我,也因为这次短学期实践有了更加明晰的理想、更加坚定的信念。

我要尽我的力量,将自己的学科知识运用到实践之中,为保护城市发展中的历史文化街区做出贡献。

实习实训类

走进安永服务国家"双碳"绿色发展战略

底特律绿色工业学院　高子轶　（特等奖）

2021年7月16日，习近平主席在亚太经合组织领导人非正式会议上的讲话中指出："我们要坚持以人为本，让良好生态环境成为全球经济社会可持续发展的重要支撑，实现绿色增长。中方高度重视应对气候变化，将力争2030年前实现碳达峰、2060年前实现碳中和。"

国家"双碳"战略为我们青年学子求职和未来发展提供了指引与方向，在立足环境工程专业的基础上，我选择服务国家"双碳"战略，并将可持续发展服务行业列入职业规划。在班导师、辅导员和专业课老师的指导下，我开始关注 ESG（environmental 环境、social 社会、governance 治理）领域。在我的寒假短学期实践课题中，我选择了研读 ESG 报告及整理 ESG 报告编制架构和写作规范。非常幸运的是，安永可持续发展服务部门在今年6月份招募实习生，而我简历中的寒假短学期实践项目 ESG 研读特别贴合部门需要，我也是以此取得了安永华明会计师事务所（特殊普通合伙）杭州分所的实习录取信。在面试时，面试官对我的短学期项目内容特别感兴趣，并对我的职业规划给予了极大的肯定。

  我实习的安永可持续发展服务部门,是国内最大的企业可持续发展服务部门之一,被"Sustainability"期刊评为世界排名靠前的可持续发展咨询机构。在短短5周的实习中,我与我的同事为客户公司提供了一系列ESG战略咨询服务,帮助客户更好地制定员工关怀、社会责任、保护环境与优化内部治理政策。在一次次与行业头部客户高管的访谈中,我深刻体会到在一家高度成熟,公司运营、团队协作井然有序的公司里规章制度的重要性。安永内部交流以中英双语为主,内部协作、办公软件都为英文。进入外企,我从实习初期对语言的不适应到后期游刃有余,在实习实践中不断补充英语工作词汇,更加意识到了在学校的英语学习对今后求职的重要帮助。作为环境工程专业的一名学生,本科二年级学习的环境工程原理课程中积累的蒸汽、综合能耗、温室气体等相关知识,在实习中得到了应用,让我充分理解了每一步核算不只是套用公式,更让我明白了公式、系数背后的含义,学会如何用书本知识服务现实工作。

  学校组织的短学期实践活动开阔了我的视野、增长了我的见识。特别是这次走进安永可持续发展服务部门,让我对"双碳"绿色发展战略有了更加深刻的认识。我将继续努力,为国家"双碳"战略发出一丝微光!

美丽乡村，艺术赋能

艺术设计学院　李凤展　（特等奖）

2022年7月，我作为一名分队长带领团队九名成员前往位于湖北省宜昌市点军区土城乡的落步垴村，开展了15天的美育支教活动，还完成了近400平方米的墙绘。这次主题实践活动给艺术设计专业的我提供了一个很好的实践机会，让我能够发挥艺术专业特长，运用自身专业知识反哺社会，用艺术为乡村振兴赋予能量，用青春为共美注入活力。这次实践也是一个挑战，近400平方米的墙绘，从调研到设计，最后到实施；支教课程从设计到备课，最后到授课，一切都给了我之前从未有过的体验。

一、美育支教

美育支教活动有30名小朋友参加，我们为小朋友们开设了升旗、党史小故事、美术经典中的党史、红色电影欣赏等课程，以及黏土手工、扭扭棒、绘画课、音乐课、书法课、田野写生课等专题美育课程，深受落步垴村村民以及孩子们的喜爱。大朋友带着小朋友一起，度过了一个不一样的暑假。美育支教是育人亦是育己，在我们把美传递给孩子们的同时，也获得了心灵的洗涤。

落步垴村的孩子们单纯可爱，即使刚刚认识也不觉得陌生。在绘画课"我的梦想"上，有一名小朋友画了他和爸爸妈妈一起看日出的背影。和爸爸妈妈一起看日出，对于我们来说只是日常生活的一件平凡小事，但对于乡村留守儿童来说，却是一种梦想。作为志愿者，虽然我们不能改变留守儿童的现状，但我们真心希望能够带给他们更多温暖和爱护，以自己的微光照亮孩子们的心灵。

二、乡村墙绘

墙绘开始前，我们进行了认真调研，这次面对的是一面近400平方米的大墙,整体墙面达 6 米高、60 米长,位于村口观景台这个重要的位置。

在与村民委员会进行交流后,我带领队伍对墙绘内容进行了整体的排版设计,并负责设计汇报展示,最终获得了村民委员会的认可。墙绘开始施工后,我们的队员每天迎着清晨五点的朝阳爬上三层高的脚手架开始绘制,在室外 30 多摄氏度的高温下,顶着烈日,画笔不停,一直到天黑才披星戴月而归。

在落步埦村的 25 天里,大家基本上都在室外 37 摄氏度以上的高温下作业。有一天,天空突然开始下起小雨,但没有一个队员停下来,大家戴上草帽,把颜料调干,依然在尽力绘画。雨越下得越大,戴着草帽也难挡雨势,衣服也都被淋湿了。同行的叔叔催促我们回村,由于一次只能返回 5 人,队里的男生纷纷主动留下让女生们能够先回村避雨。雨虽大,但是大家的情绪依然高涨,还在摆 pose 拍视频。

近一个月的户外墙绘,从清晨工作到晚上,甚至工作至次日凌晨,即便有风吹日晒,蚊虫叮咬,大家仍坚持在高高的脚手架上作业。初次爬架子的同学也克服了内心的恐惧,没有一个人退缩,最终大家在共同努力下圆满完成了任务,获得了落步埦村村民的一致好评。

我们用画笔为落步埦村的美丽乡村留下了浓墨重彩,落步埦村也成了我们青春时光里最美的画卷。很感谢能有这次实践的经历,它将在我的青春回忆里熠熠生辉。

做好实践,领悟"四学"

职业技术师范学院 夏启航 (特等奖)

所谓"四学",指的是学校、学生、学者、学术。我认为短学期实践的意义,就是在传统课堂的基础上,将"四学"更有机地结合——在学校的平台资源支持下,学生在学者的带领下,把学术理论应用于实践,也在实践中不断深化对学术理论的理解。

一、实践促团队精神

我是一名计算机专业学生,作为班长的我,短学期实践果断选择利用JAVA构建学生工作管理系统的项目。希望既能在为学校搭建学生管理系统的过程中学好专业技能,又能弄懂程序原理,以便同学们遇到系统问题找我解答的时候,能够"有的放矢"。

这一想法很美好,但当我第一次认认真真写的代码报错的时候,我才知短视频里的程序员在写出能正常运行程序时欢呼雀跃真是一点都不夸张。后来,在自主写出的一串无bug的程序代码正常运行时,我大脑里开始循环播放那首欢乐的《好日子》!

当然,在短学期实践过程中各种问题还是层出不穷,比如代码太多,漏个符号、忘记切换中英文输入法等低级错误也时有发生。这个时候团队的重要性就凸显出来了。无论是谁的代码报错,老师和同学们都会围坐在一起或者打开屏幕共享,一起出谋划策,一起分享经验,一起解决问题……一个多月来,我们收获的不仅有专业技能,还有师生情、兄弟情。实践指导老师也说过,暑假的实践无非学本领、交朋友,很幸运的是,我在学本领和交朋友这两件事之间做到了鱼和熊掌兼得。同时,也和老师之间有了属于我们的师生默契。

二、实践促学风建设

其实,在这一过程中,我曾有过一个该"挨打"的念头,就是复制一下别人的代码,应付应付得了。但一位老师的话点醒了我,他说:"纸上得来终觉浅,绝知此事要躬行。"如果不自己一遍一遍写代码、修 bug,你就永远不知道如何把代码写得有效率、写出美感,也永远不知道哪里可能存在 bug,如何修复 bug。这一点不仅仅体现了所谓的"事必躬亲"的实践态度以外,更体现了科学道德与学风。

如今网络平台上售卖毕业设计、课程设计成品的现象屡见不鲜,这无疑是对学术的敷衍,对学术的漠视。学术钻研的成就,自我实践的经验,才是我们应该努力去获得的。

三、实践促"四学"

选贤于野,则治身业弘;求士子朝,则饰智风起。双创周的时候,我"冒充"应届毕业生去探访人才市场,发现企业更需要能实干的人。短学期实践就是师生一起将学术理论应用于实践、培养实干能力的途径,无论是志愿服务、企事业单位实习,还是学科竞赛、文体比赛,都能帮助我们实现自我,并为校争光。总而言之就是,实践加强了学校、学生、学者、学术之间的联系。

用足迹探寻社情民意,怀初心彰显青春担当

经济与管理学院 余 婷 (特等奖)

步入大学以后的第二个暑假如何度过?有人"行万里路",用足迹丈量大好山河;有人"不舍昼夜",查漏补缺,备战考研;于我而言,参与家乡建设更能实现价值。我就读的湖北工业大学始建于 1952 年,70 年来,学校与新中国工业化进程同频共振,校园文化与武汉深厚的红色文化相得益彰。短学期实践是湖北工业大学的育人传统,每年寒暑假学校都会组织所有学生投身到服务基层的社会实践中。"源深流自远,行健天同功。"湖北工业大学用实践育人的行动告诉我们,作为新时代青年,要担起时代责任,在逐梦路上留下坚实脚印,把论文写在祖国大地上,把成果送到普通百姓家。暑假伊始,我参与由共青团湖北省委员会开展的 2022 年大学生"返家乡"社会实践活动,在共青团房县委员会工作。用脚踏实地的态度探寻民意,在沐浴骄阳中彰显担当。

一、立足荆楚大地探初心

我在一座拥有丰富红色资源的"英雄城市"上大学,在这里我看到辛亥革命纪念馆庄严肃穆,"八七会议"旧址栉风沐雨,中央农民运动讲习所旧址风采依旧,这些宝贵的精神财富成为新时代"强富美高"建设征途的武汉符号。中国共产党人的初心和使命,就是为中国人民谋幸福,为中华民族谋复兴。面对世界百年未有之大变局,作为新时代青年,我觉得自己应该充分认识到自己肩负的责任,坚持用习近平新时代中国特色社会主义思想武装头脑,通过武汉的红色资源,感受武汉红色运动的波澜壮阔,感受同样在当时身为新青年的先辈们前赴后继的大无畏精神。在民族存亡之际,革命先辈们挽狂澜于既倒,为武汉的革命奠定了基础。共产党的百年初心使命需要青年人赓续,共产党的百年基业需要青年人传承。瞻仰革命圣地,能够帮助

我们探索属于自己的初心道路。

二、投身社会实践读初心

为什么选择返回家乡进行社会实践？因为这里有无数绮丽的山川美景，这里有淳朴好客的村民，更重要的是我生在这里，长在这里，这里是我的根。我热爱我的家乡，我愿意为它担起一份责任，贡献一己之力。

专业实践，知行合一强能力。团县委积极响应团省委号召，联合房县农村商业银行开展"新农人计划"。作为一名金融学专业且刚刚在该银行结束专业实习的学生，我有幸参与"新农人"大学生创业帮扶计划的后续工作。8月12日，我随团县委书记一起赴门古寺镇杨岔山村走访"新农人"创业青年，跟进金融服务。我们根据项目现在成长阶段的资金需求，联合房县农村商业银行跟进"青创贷"创业担保贷款等投融资对接服务，为一位创业青年提供了5万元的无息贷款。回到办公室后，我主动提出担任通讯员，报道本期的采访内容。利用专业知识和专业技能，深入地方一线，积极参与基层治理、乡村振兴工作让我了解到金融从业者所需要的素质和能力，加深了我对专业领域的认知，也让我意识到自身的不足之处，使我在以后的专业学习道路上更有目的性和方向性。

三、迈步时代征程扬初心

心有所信，方能行远。社会实践虽然结束，但所学所悟不会忘却，为家乡发展添砖加瓦的初心一如从前。在抗击新型冠状病毒肺炎疫情的第一线，广大医护人员白衣执甲，各个单位的工作人员争分夺秒；在乡村振兴的主战场，基层干部尽锐出战，"新农人"和"青创贷"继续为乡村发展注入金融活力；在建设美好家乡的征程上，小城人民用汗水浇灌收获，以实干笃定前行。

在两次"返家乡"社会实践中，我在一线岗位服务群众，希望用真情架起心与心的桥梁；我自愿做一名公益志愿者，希望能给他人点亮一盏灯；我将一腔热血投入社区服务，希望给予居民家人般的陪伴。我将青春绽放在乡村大地上，希望将乡村美丽的展现给更多人。或许我的力量微不足道，就像一点萤火,但只要许许多多萤火聚在一起,就会成为璀璨星河;或许志愿者工作并不轻松,但它能淬炼我的意志,增添我生命的厚度。我想,这就是大学生"返家乡"社会实践活动的意义。

"悠悠天宇旷,切切故乡情。"不管走得多远,家乡永远是我最眷恋的归宿。让我们一起用青春力量,为家乡建设添砖加瓦,让青春之花绚丽绽放!

追梦不负青春,奋斗不负韶华

机械工程学院　崔俊鹏　(特等奖)

恰同学少年,怎样才不负青春?笃行专注、永记热爱、无畏奔赴,都是正青春。

一、筑梦

暑期我积极了学校短学期实践,它让我更好地理解了生活的意义,学到了更多的实用性技巧,更加明确了自己的前进方向,也让我能更好地做出未来人生规划。其实,我最初接触短学期实践时是非常抵触和抗拒的,因为我认为短学期实践是在浪费时间,更多的时间应该花在准备考研的理论学习上。当我真正参与了实践,我才发现通过实践学到的知识和技能是仅仅通过理论学习无法获取的。

二、追梦

从7月1日开始,我参加了为期一个月艰苦的、充溢磨难与挫折的"'高教杯'全国大学生先进成图技术与产品信息建模创新大赛"(简称"图成大赛")比赛实训。在学习过程中,我非常苦恼,因为在比赛中需要用到的很多知识我从来没有接触过,需要从头学习。但我急于求成,又导致我处处碰壁。比如,画好一个三维的零件以后要对其做装配。有一次,我花了很长时间处理一处细节,然后零件突然全部消失不见了,怎么找也找不到。我非常苦恼、气愤,感觉在一瞬间所有努力全部都付之东流了。之后我就趴在桌子上玩手机,想要放弃。后来有一个学长发现了我的情况,他用鼠标在软件上点了几下,那些零件就全都找回来了。学长也很耐心地告诉我:"有时软件会出现各种各样的问题,有问题可以问别人,或者在网上寻找答案,要耐心一点,心态也是比赛的一部分。"我这才重新燃起斗志。

三、圆梦

"成图大赛"结束以后,我进入一个主要经营稻米加工的企业实习,主要负责机器运行时的监控和管理。在工作中我用我在"成图大赛"中学到的知识和技能给企业解决了很多问题。我们都知道稻谷是要经过砻谷,也就是去皮以后才能变成日常在超市所见到的大米。去皮后还是有一些"漏网之鱼",再用谷糙分离设备将稻谷与糙米分开,"漏网之鱼"重新回入砻谷机加工。谷糙分离设备是"选糙平转筛",这种设备在工作时经常崩溃,然后停止运行。工人们通常就是先断电,然后用力踹两下机器再重新启动。为了解决这个问题,我和工人师傅们决定一起把这个设备拆开,一探究竟。我们发现,机器上有一个偏心轴承,这个轴承完全暴露在外面,烟尘在主轴承上累积,偏心轴承受损十分严重,润滑效果也不好,所以机器会因过载而自动停止运行。我想起在"成图大赛"上学到的偏心轴承知识,于是和工人师傅们沟通交流,最终决定重新购买原厂的轴承,然后在机器外面套上一层壳子,减少灰尘的进入。计较眼前的毫厘,才能当好质量的守门员。当我能用我所学到的知识和技能同工人师傅们一起解决了这个问题时,我感到十分有成就感,这让我更加想要深入地了解机械的设计原理。

功夫不负有心人。通过自己不断努力,我在"成图大赛"中有幸获得了省级个人二等奖和国家级个人二等奖。团队的力量是非常重要的,一个人可以走得很快,但不可能走得很远,只有一群人才能走得更远。最终在我们所有人的共同努力下,我们湖北工业大学团队成功获得了机械类团体奖一等奖。

四、感悟

最初接触这个比赛时,我仅仅了解了比赛要考什么,我要准备什么,要学什么,完全忽略了这个比赛本身的意义。直到老师对我们说:"对你们自己来说比赛的结果并不重要,重要的是你从中了解到了什么,学到了什么,对后的学习、生活、工作方面有什么帮助。"我这才明白短学期实践的真正意义,带着功利性参加比赛显然是错误的,比赛中知识和技能的学习、提升以及实际应用才是最重要的。

这次实践教会我,要做一个不负韶华的追梦人,不负青春的拼搏者!承载着这样的梦想与追求,我将继续不懈努力,勇往直前!

美丽乡村,艺术赋能

艺术设计学院　郭亦胡　(一等奖)

凝聚青春力量,助力乡村振兴。7月4日,湖北工业大学艺术设计学院"初芒"志愿服务队赴宜昌点军分队前往宜昌市点军区土城乡穿心店村开展"美丽乡村墙绘赋能"主题社会实践活动,弘扬当地特色文化与产业优势。希望通过前期调研走访,聚焦代表性的产业特色,为各户定制特色墙绘,立足当地产业结构,提出改造方案,用艺术设计来展现新时代下的现代农村。

作为一名新时代下成长的大学生,我最想要做的就是将自己投身于志愿服务之中,于是这个暑假,我选择加入艺术设计学院"初芒"志愿服务队,和大家一同参加"三下乡"社会实践活动,通过我们所学到的专业知识,将艺术设计融入当地特色产业之中,助力乡村振兴,同时一道,用脚步丈量祖国大地,用设计点亮乡村。

一、开展墙绘绘制

我们首先确定了第一个墙绘主题。第一面墙在山下的农户家进行绘制，队员们结合此户农家的产业特色，为他们设计了与农家乐和民宿有关的图纸，在与他们商量敲定了绘制图之后就开始了第一面墙的绘制工作。第一面墙的绘制花费了约三天时间，当看着第一幅作品时，我们露出了欣慰的笑容。这一面墙是耗时最长，也是给我们印象最深刻的一面。在敲定主题时，我们与农户展开了深入的交流。我们以农户的想法为核心设计点，确定采用凸显童趣，自然、活泼的墙绘风格。墙绘深受农户的欢迎，也吸引了很多小朋友，渐渐地我们就与他们打成一片，这使得墙绘氛围十分和谐。这也是我参与绘制的第一幅墙绘，里面融入了我对乡村变化的理解，也凝聚了我对未来发展的期望。

15 天来，我们完成了约 300 平方米墙体的绘制，志愿服务时长达到了约 140 小时，最后的成绩也很喜人，我们都感到由衷的开心。

二、完成墙绘之旅

经历了 15 天的努力，我和伙伴们一起顺利完成了墙绘之旅。从初下乡时的忐忑不安到如今更加坚毅成熟，下乡之旅带给我的，不仅是专业能力上的提升，还有伙伴们之间更加深厚的情谊，我更是通过这次活动深刻理解了志愿服务的意义和重要性。将来我会用画笔丈量乡村与未来的距离,用热情去拥抱乡村,在我的心中,埋下了为社会奉献自己的决心。

三、用艺术谱写乡村振兴时代新篇

我会继续同湖北工业大学艺术设计学院"初芒"志愿服务队一起,不怕困难、坚持不懈,敢于吃苦、团结一心,在奉献乡村、奉献社会的道路上坚定向前。乡村里的一砖一瓦、一花一木,都演奏着乡村独特的曲谱,我将用镜头记录生活和努力,用画笔刻画美好和憧憬,用设计去谱写新时代乡村的新篇章!

青春,步履不停
——记麻城"数商兴农"实践活动

经济与管理学院　张思涵　杜新锦　胡　菊　(一等奖)

马克思主义者认为,只有人们的社会实践,才是人们对于外界认识的真理性的标准。本次的短学期社会实践,我们"薪火青团"麻城数商兴农志愿服务队续上了上一届的"薪火",来到了麻城市电子商务创业园开展实践服务。水滴石穿非一日之功,此次我们的志愿活动立足于团队多年来深入基层的成果,旨在运用电子商务、大数据分析、营销策划、政策解读等方式,助力湖北多个县市区"三农"发展和乡村振兴,走科学之路,取财富之果。

本次实践让我体验到了直播行业全流程的运作模式,从上播前确认到播后的快递物流工作,脱离书本教条走上电商一线,让我在积累学习经验之外更有十足的体验感与获得感。

一、体验直播行业运作模式

实践中的高光时刻当属直播带货,这是本次志愿服务中的重头戏。以前只在网络上看主播们侃侃而谈,销量、价格与流量只是屏幕上的一行数字,如今从观众变为主播,身份的转换是助力乡村发展的一小步,更是我个人学习的一大步。"电商百人,云上助农",当下正是最好的时代。媒介发展带来直播经济长虹,亲自坐上这列风口上的"快车",面对一方屏幕,我们事无巨细地讲解每一个商品的生产过程,虽然语言表达稍显稚嫩笨拙,但也有着初学者的诚挚,保证讲解专业度之外的这份热情也换回了观众的积极反馈。网络断绝隔阂,电商直播也让麻城本地的优质农产品打破地域限制,有了销往全国的机会。电商直播依附于当地扎实的农业发展成果,同时又反哺于乡村经济增收,让麻城的优质农产品真正得以"酒香不怕巷子深",实现了正向的相互作用。

台前工作做得好,幕后努力少不了。一个达人账号的建立,归因于团队的共同努力。当地知名"三农"带货主播江校长的团队,达一二十人,大家各司其职,由专人负责直播的选品、运营、摄像以及幕后的打包发货。我们作为一个小分队也加入了其中,在每场直播结束后,都会跟随负责物流运输的工作人员,在快递物流工作室进行商品的分类、打包,具体工作是根据顾客的订单从仓库调货,在快递中心依照批次进行打包,统一贴上快递单,再根据快递的不同类型和地域区别进行分类摆放,后续统一运至物流服务中心,依托创业园内的麻城市"最后一公里"快递物流公司进行发货,完成我们直播工作的收尾工作。尽管打包工作非常烦琐乏味,但作为整个电商网络的最后一个环节,其重要性不言而喻。我体验了商品从售卖、包装到运输的整个过程,货无大小,都承载了自己的付出与消费者的期待,这种"送别"是一件有意义的事情。

二、直面直播行业

回味这次的实践,我们第一次见到了真正的直播间,第一次见到庞大的物流厂房,第一次见到稻米在机器里晃动,随着流水线运输、包装,感受到扑面而来的粮食气息,我意识到漂亮的数据背后,是一株株破土而出的胚芽,是一颗颗饱满的果实,是一间间运转的工厂,是一个个辛劳的人。

三、为地方发展奉献青春力量

人永远是一切创造的起源。在这次的实践中,我们认识了很多人,比如有一位年迈的老妪,我一直记得她在风中轻轻颤动的银丝。面对着我们手中的镜头,她弯着带着褶皱的眼笑着,向镜头的另一端推荐着由我们湖北工业大学学生团队包装设计过的福白菊产品。互联网时代是多么神奇,它让距离不再是距离,也给人们创造了无数的机会。还有带领我们直播的鲜果姐姐,她向我们讲述她是如何通过创业园的培训,从一个普通的水果商贩转型成小有名气的直播带货主播,期间经历了无数艰难与辛苦,从不理解到被理解,从外行到内行,她永远带着真诚的微笑,认真地对待着每一件经手的事务。原来每一个镜头的背后,都是一个个有故事的人。正是这些人,让这座城市一点点地焕发出光彩,不断点亮在全国甚至全世界的市场。

这次的实践,让我走进了社会的切面,品尝了生活的更多滋味;让我打开了视野,看到了商业和数字化的蓬勃力量;也让我知道,每个平凡的人都有着撬动世界的力量。"纸上得来终觉浅,绝知此事要躬行。"正值青春,我们将步履不停!惟愿我们能尽自己的绵薄之力为地方发展赋能,展现青年风采!

仲夏初芒,七月未央

艺术设计学院　胡学芯　(一等奖)

在夏季多雨季节,我随着团支部"灼华"实践团队赴黄冈市浠水县参加"三下乡"社会实践活动,收获良多。

一、雨后彩虹的洗礼

在此次实践活动中,我们的第一个任务是画墙绘,在绘制的过程中,我们遇到了暴雨大考验。一时间乌云密布,电闪雷鸣,天空也暗沉了下来。相比以前坐在房中听雨声,现在的感受来得更加真切些。当时"轰!"的一声惊雷声,吓得我手中的画笔颤抖了一下。还没来得及让人反应,豆大的雨点就拍打在发丝上、胳膊上、架子上,但大家都没有停下手中的画笔,而是捡起放在地上的草帽戴在头上。就这样,我们顶着大雨画了十几分钟,雨水也浸湿了衣服。随后我们都从六米高的架子上下来了,迅速钻入车内。由于只有一辆车,男生们就主动留在原地。我们从车窗里将帽子扔给了他们,但他们还是遭受了雨水的洗礼,最终是浑身湿透。但是大家并没有因此而抱怨,而是讨论着明天墙绘的进程。这是我们画墙绘的过程中,我印象最深的一件事。

近四百平方米的大墙经过我们的打型、测量、绘制,最后变成了完美的作品。中间发生过各种意外,比如有人生病、有人中暑、有人摔跤等等。我也曾在生病发烧的时候哭过,但更多的时候,是在墙绘过程中收获的点点滴滴充盈着我的内心,这些经历让我成为一个不那么娇气的女孩,成为一个可以独当一面的大人。

太阳驱散乌云,照亮了大地。来到走廊,一阵泥土的清香迎面而来,往楼下看,看到的依然是村委会叔叔阿姨们忙碌的身影,是那么的舒心。

二、童真趣言的温暖

在此次社会实践活动中,我的第二个任务是教授孩子们课程。"噔噔噔……"在我尚且睡眼蒙眬的时候,一群孩子追赶着上楼。"老师好!"他们边奔跑着边喊着。我用笑声回应他们。今天上课的内容是党史小故事,对我来说,这也是一次新的挑战。带着一丝紧张和一丝犹豫,我开始上课。但随着课程的深入,我慢慢放松下来。我看到了一双双举起的手,看到了发着光的眼睛,他们积极地回答问题,之后还写下了他们自己的感悟,让我觉得这并不是在上课,而是我们共同在分享对党的热爱,对前辈们崇高精神的敬佩。

在上课过程中,我会奖励他们小红花,也会奖励他们零售。在我看来,每天能看到他们如花的笑靥就是珍贵的。也会有小朋友在体育课上摔跤,虽然很疼,但是他仍然强忍泪水,坚强地上完了一堂课。我是他们的老师,但更多时候,我能从他们身上学到坚强、善良和勇气。这里有一些留守儿童,他们住在山里,他们真诚而纯真,而我想用自己的力量给他们带去温暖。球在教室里乱飞,笑声也在教室里回荡,这是属于我们这个夏天的独特记忆。

三、离别知难忆

走的当天,大家收拾好行李时,我看到村里的阿姨们都流下了眼泪,虽然我们每个人都很伤感,但是我们在此留下了美好的作品和难忘的记忆。脑海里也闪过第一天上课的情景,希望孩子们能一直有天真快乐的笑脸,并且保持热爱生活的模样。脑海里也闪过我们墙绘的一个个片段,我们配合默契,坚持不懈。

我很庆幸我坚定地选择了"三下乡"社会实践活动,或许这份工作并不轻松,但它能淬炼我的意志,增添我生命的厚度。我想,这就是大学生返乡的意义。

与传统纹样的"现代相遇"

艺术设计学院　赵佳蕾　（一等奖）

苍苍宝通寺,杳杳钟声晚。2022 年的夏季短学期实践缘于这个夏天我与宝通寺的一场奇妙邂逅。为什么会选择这个活动？是因为寺庙里响彻的是深藏历史与底蕴的钟声,而寺庙外是怀着一颗向往之心的我。带着对传统文化和古风的热爱,这个暑假我有幸与温暖的曾慧老师一起探寻千年皇家古刹——宝通寺里的纹样瑰宝。

一、缘起

曾老师最初发布的课题任务是选取一所自己感兴趣的寺庙并进行纹样衍生以及文创设计。宝通寺隐于闹市,却与周边众多商业建筑相得益彰,屹立千年却始终保持着自己的那一份恢宏肃穆。身为一个土生土长的武汉人,我对武汉这座历史最悠久、色彩基调为明黄色的皇家寺庙早已产生浓厚的研究兴趣。

二、过程

武汉文化底蕴深厚,是一座古典与现代并存的城市,因此实地考察的那一天我只有一个想法：做出一套会讲武汉历史的文创。进入宝通寺,入口处横跨在放生池上的"圣僧石桥"给了我第一个惊喜收获,桥墩上有许多莲花形状的石雕装饰。也正是在这里,我发现了第一个有趣的传统寺庙纹样——莲花缠枝纹。紧接着在两旁的鼓楼上发现了环带状的纹样,其形似流云,飘逸无比。后来又在万佛宝殿的外墙上发现了龙纹,这也是皇家古寺的特征之一,龙纹周围还镶嵌着许多忍冬植物图样。

我将拍下的各种传统寺庙纹样用画笔进行了二次创作,作为前期的素材收集起来。随着实践进度的不断推进,我确定了整个文创系列的主理念——"天地人和",并将佛手、鹿、仙鹤、隶书字体等元素与寺庙纹样相结合,最终创作出了一组古风禅意满满的图案。后期在进行周边衍生的时候,发现这些图案还可以用于文化 T 恤贴图、红包封面、香囊外包装等等。

三、感悟

中国的传统文化源远流长,我国有许多如宝通寺一样的古建筑以及古文物,它们见证了国家发展的兴衰浮沉,也是历史上各个时代文化的见证者、参与者和保护者,同时也和百姓们的日常生活紧密相连。而我这次参与的项目,正是以寺庙传统纹样为载体、以传统文化为内涵,完成的文创作品表达了人们的美好心愿。

这次实践给我带来了许多对将传统文化运用在文创设计中的思考。在制作作品的过程中,我发现人们的生活行为、故事内涵、传统纹样这三者并不是孤立存在的,它们以不同的形态彼此相融,以虚拟或现实的产品形式呈现在人们的生活中。在学校的课堂里我学到的大多是以理论为主的设计基础知识,这一次能有机会将它们运用到现实当中,融入我们身边的传统文化里,这让我受益匪浅。同时我也在亲身经历了一整套设计工作必备的程序后,收获了职业体验。更加明白万事都不是一帆风顺的,也对自己的未来又多了一份坚定,日渐丰富的实习经验将成为我在成长道路上的底气。

"纸上得来终觉浅,绝知此事要躬行。"这段时间所学到的所有经验与知识都将成为我人生中一笔宝贵的财富。我相信,不管是做设计,还是做任何一件事,只要充满热情与信心,理论与实践并重,我们便能有所收获。不忘初心,方得始终!

倾听生命拔节的声音

经济与管理学院　陈宇涵　龙靖怡　（一等奖）

在漫长的时间长河里,曾久久回荡着我童年欢畅愉悦的笑声;在浩瀚的时间长河中,珍藏了我成长的点点滴滴;而在回望 2022 年盛夏时,我听到了生命拔节声音。

我们团队在今年暑假来到了湖北省襄阳市谷城县盛康镇,跟随沈纬辰老师进行本次短学期实践,调研当地"三百工程"(即百户长,百分奖和百米岗)开展情况以及基层社会矛盾治理相关内容。我们被分配到了双堰村,村里一共有八位百户长,其中一位叫程传国的百户长每天带领我们进入村民家中走访,我们平时叫他"程队长"。

一、初见百户长

程队长身材魁梧高大,留着平头;四方脸上一对大眼睛,炯炯有神;浓黑的眉毛,眉宇间透出英气;双唇紧抿,流露出自信;挺直的鼻子下两道沟纹,更显得坚毅刚强。平时带我们走访的过程中,村民们都对他很尊敬,提到他总是笑呵呵地说道:"程队长啊,工作干得很好了,带领大家修路修渠,有时候过年过节家里有事找他,他也是二话不说就来了,真是毫无怨言。"程队长只是坐在一旁笑,时不时拿起毛巾擦擦汗。

二、再遇程队长

有一天上午日常走访后,因为村书记的安排,我们被程队长领回家吃午饭。于是,我们便跟着程队长朝他家走去。

走着走着,突然程队长指着远处一栋比边上都矮一截的房子,告诉我们这是他家。双堰村整体经济实力在当地中等偏上,村里基本家家户户都是两三层小楼,只有程队长家显得格格不入。"坐坐坐,随便坐。"进了家门,他客气又略带歉意地说着,"家里有点乱。"地上没有铺地板或者瓷砖,家里放着普通的木桌、木椅,唯一比较现代化的就是一个电视机了。电视机前坐着一个挂着拐杖的人,他向我们介绍那是他儿子。

"你们两个女娃多吃点,看你们这么瘦。"程队长拿起筷子替我们夹了一大片酱煲肉,"这是我们当地的土猪肉,很好吃的,多吃点多吃点。"边夹边说道。他的妻子围着围裙,也是一脸歉意地反复揉搓着衣角,对着我们笑着说道:"时间比较紧急,你们多担待。"我们连忙说:"很好吃的,谢谢您做这么多菜。"我们感受到了程队长一家的拘谨,于是赶快吃完然后对程队长进行了一个简短的访谈。"您为什么愿意当百户长?是因为工资吗?"他回答道:"这工资少得很,一年才七百元,是因为乡亲们信任我,更因为我是党员,给乡亲们帮帮忙也算不上大事,为他们服务应该的。"

在这略为破败的房子里,我猝不及防地听到了来自一名老党员的深情剖白,暗淡的房间仿佛突然亮堂起来,泛着淡淡的金色光晕。是啊,这种共产党员为人民奉献的精神值得我们去学们。如今,这位老党员,切切实实地坐在我们面前,和蔼的微笑着向我们讲述他做过的那些不值一提的"小事"。

三、在故事中成长

这样一位清贫一生的党员,要照顾残疾的儿子,却仍大事小事冲锋在前,从不自矜自傲,只用他淳朴而略带歉意的笑容,踏实有力的行动来践行党员一生的诺言,我听着他的事迹,就真切地听到了——生命拔节的声音,它是那么清脆悠扬,却又婉约惆怅。

而我们,就在这一声声脆响中成长。

学好专业知识,助力乡村振兴

生物工程与食品学院 郭志豪 (一等奖)

伴随着七月热情似火的太阳,我迎来了今年的夏季短学期实践。在之前的短学期实践中,我加入过实验室,做过社会调研,参加过"三下乡"活动,让我在实践中不断磨练、成长。同样,今年我的暑期实践也不平凡。

一、食品专业认知实习——学好专业知识

在认知实习中,我们参观了武汉金汇泉食品饮料有限公司和湖北周黑鸭食品工业园有限公司,了解了两家公司的发展历程和经营理念,了解了各类产品及其特色,品尝了各类产品。在生产车间我观察到,他们的产品生产几乎是全自动化的流水线生产,没有过多的人工参与,这不禁让我联想到了在学校做实验的过程,明白了掌握专业知识和技术的重要性。

此次实习给我最大的感受是:科技推动创新,科技带来生产力。作为一名食品科学与工程专业的学生,我看到了我平时所学专业知识在生产中的应用场景,对我的专业也有了更加深入地了解。如今的企业都在向着机械化、智能化方向发展,生产车间已经少有工人。因此,在感受到科技重要性的同时也更加警醒,认识到当下作为一名大学生,一定要将专业技能掌握在自己手中。

二、"三下乡"社会实践——用好专业知识

我的暑期实践的第二个部分是"三下乡"社会实践。本次我参加的"三下乡"社会实践活动的地点是蕲春县金沟村。蕲春县是文化名人李时珍的故乡,也是国家首批中医药健康旅游示范区。本次实践任务包括补充完善《金沟村药用植物选编》一书,开展实际问卷调查,了解当地中医药文化传承情况,打造文化景观带,助力乡村振兴,最后形成调研报告。

实践过程首先是上山野考。我们跟随着专业指导老师周高以及当地熟路的向导大爷,深入大山进行野外考察,近距离探寻和感受中草药的魅力。步入大山深处,越往上面走,路越陡峭,基本没有可行的路。我们一手抓着树干,一脚踩着树根,举步维艰。但是我们也在不断开辟新的路径,收获新的物种。

然后是入户调查。金沟村位于大别山南麓,其独特的地理条件造就了其丰富的中草药资源,但当地对这一资源尚未形成有体系的利用。因此,我们制作了精美的中草药科普卡片,在实践过程中将问卷调查与宣传科普有机结合起来,不仅收集了第一手数据,同时也加深了当地村民对中草药的认识。

最后是中医药文化科普小活动。我们在金沟村村委会大厅为小朋友们带来了一场中医药文化趣味科普活动,借此传承和弘扬蕲春中医药文化,带领当地小朋友感知中草药魅力。我们运用专业知识,为小朋友们讲解《本草纲目》,带领小朋友们制作香囊,讲解如何制作酸奶等等,其乐融融。小朋友们在享受乐趣的同时也学到了中草药知识。

此次"三下乡"社会实践,我们利用专业优势完善了《金沟村药用植物选编》一书,其中新增药材60余种。目前该书囊括当地近400种药材,希望这本书的出版会为当地的振兴和发展添砖加瓦。我们还通过腊叶标本以及植物标示牌的制作等方式,全方位助力当地中医药文化传承与振兴,为金沟村的乡村振兴事业尽一份绵薄之力。

此外,我们团队还利用实践成果以及专业知识,协同推进了金沟峡谷生态旅游区水土保持景观带的设计工作。

三、运用专业知识,为社会发展做出自己的贡献

在此次夏季短学期实践中,我认识到了学习专业知识的重要性。在"三下乡"社会实践活动中,我们发现虽然当地的中草药资源很丰富,但是当地村民们能够认识的却很少,资源利用不起来。在指导老师的带领下,我们运用专业优势,帮助金沟村民整合中草药资源,打造水土保持文化景观带,为当地的发展出谋划策。希望能在未来,利用自己的所学,帮助更多的地区发展,用青春实践,传播湖工大智慧。

不一样的夏日,青春无惧考验

艺术设计学院　李义豪　(一等奖)

"青春孕育无限希望,青年创造美好明天。"习近平总书记的这番话令我感触颇深。青春如同夏日一样,炙热而烂漫,乡村恰是展示青春的最好舞台。为助力湖北省乡村振兴与促进基层党建工作,推进高桥镇清廉机关建设,今年暑期短学期实践活动我有幸作为"初芒"志愿服务队红安分队队长,与十一名队员们一同赴红安县高桥镇进行乡村振兴以及廉政建设主题的艺术墙绘,墙绘成果也得到了高桥镇人民政府以及村民们的肯定和称赞。

一、初入高桥镇

红安县被称为"第一将军县",高桥镇是红安县下辖镇,是一个有着浓厚红色历史文化底蕴的乡镇。7月2日上午,我们团队一来到镇上便受到了当地领导的热情接待,下午同村镇领导们一起对各个村落所需要绘制的墙面进行实地考察,队员们仔细询问并记录需要绘制的墙面,同时收集素材。在此期间,镇村两级干部与队员们共同探讨墙绘内容,最后决定采用针对不同的村采用不同的表现手法和内容进行绘制,也以此展现队员们的美术专业能力。

二、开展墙绘实践活动

伴随着初升的太阳,聆听着村落潺潺流动的小溪声,提起五彩的颜料,拿起筑梦的画笔,举起手中的相机,团队向何家湾进发。墙绘过程中烈日酷暑,汗水划过脸颊,但队员们的热情丝毫未减,依旧提起画笔在太阳下绘制墙面。在"初芒"志愿服务队全体队员的努力下,文化墙逐渐成形。何家湾墙绘以该村特色水果产业为主线,用相对简约卡通的表现手法来展现火龙果、杨梅、草莓、桃子等特色农产品以及蒙古包餐饮,将农业特色与居民生活刻画出来,描绘村民收获的喜悦之感,致力于树立一个与自然生态相适宜的充满艺术感与活力的美丽乡村形象。

"哥哥姐姐们,你们都棒呀。顶着大太阳,给我们村画画!"王德湾村里孩子们用自己朴素的语言,夸赞着、关心着队员们。王德湾共需绘制两面墙,面对阴晴不定的天气,"初芒"志愿队的队员们并不把太阳和雨水当作"苦"和"难",努力挥动着画笔,希望能够将中国画的寓意融入当地的葡萄产业中,在队员们的共同努力下,创作了《文园葡萄》《清廉四君子》两面文化墙,希望通过文化墙推进清廉村居建设,创建清廉文化,让美丽高桥更有底气。

红色,从邓家湾驶来,由四面墙渗透。团队成员在前期调研中发现邓家湾虽然有着浓厚的红色文化,但是缺少宣传。经过集体讨论,团队决定为邓家湾设计四面"红色"系列文化墙,分别是《缔造红火生活》《弘扬红安精神》《传承红色基因》《重温红色历史》。队员们以红军精神为指引,助力乡村红色文化传播,也希望通过墙绘这一方式,以此激励、鞭策自己,深入学习习近平新时代中国特色社会主义思想,以饱满的热情、昂扬的斗志,继承红军传统,以先辈为榜样,用自己的实际行动来为乡村建设赋能。

随着时间的推移,团队来到了墙绘的最后一站——曹门村。曹门村是一个以实干为标杆的村子,"初芒"志愿服务队成员认真领会实干精神,以实际行动为美丽乡村和宜居环境建设赋能。村内的墙绘任务量相比于其他村多很多,需要绘制十面文化墙,队员们也时常绘制到晚上,一边打着手电筒绘制,一边忍耐着蚊虫的叮咬。虽然绘制过程十分辛苦,但是每个队员的脸上都洋溢着幸福的笑容。

三、实践总结

本次墙绘实践活动为期16天,虽然在绘制过程中时常大雨滂沱或是烈日当头,但是队员们不惧考验,砥砺前行。时日虽短,情谊悠长。队员们立足于乡村本土特色,以美育赋能,将乡情融于艺术,用艺术展示村风,用自己的专业知识和技能为美丽乡村建设添砖加瓦。我们自己的实践行动创造了12个人16天完成430余平方米的墙绘工作的成绩。在这200余个小时中,我们团队走过了何家湾、邓家湾、王德湾、曹门村、程河村、六家边村,以及高桥镇政府。在这些地方留下了我们的足迹和作品,也留下了许多珍贵的回忆。

奋斗是青春最亮丽的底色,行动是青年最有效的磨砺。高桥镇的七月,骄阳似火,挥汗如雨,但是大家的笑容让这个夏天充满欢乐与回忆。在这个特别的盛夏,一群意气风发的少年用自己炙热的激情助力美丽乡村建设。一墙一文化,一画一阵地,希望将来我们可以继续秉承着我们"初芒"服务队精神,为乡村振兴赋能,为美丽乡村建设做贡献,尽一份自己的青春力量。

我的 2022 年夏季短学期实践

机械工程学院　徐国涛　（一等奖）

在 2022 年夏季短学期实践中，我一共参与了四个项目，分别为：中铁二十一局的测量员实习、数学建模培训、基于总线的测控系统通信设计和复冷内腔清洗机实机装配与投入生产。总体感受是，类型丰富、内容充实、收获满满！在这里，我介绍测量员实习和复冷内腔清洗机实机装配与投入生产两个最具代表性项目的基本情况。

一、中铁二十一局的测量员实习

（一）实践过程

实习期间，我主要从事测重测绘，放线，工程建设施工放样、观测成果资料整理、概算、施工进度资料统计等工作，如"东一""蒙一"两个隧道及新庄大桥的工程日志填报提交，施工放样原始记录，砂浆锚杆、超前小导管、锁脚锚管、砂浆锚杆注浆记录，隧道钢架安装记录等资料的备份、抄写及上报。

（二）实践收获

我在实习期间，首先，掌握了全站仪、水准仪、RTK（Real Time Kinematic，实时动态监测）、Trimble 三维激光扫描仪等仪器的使用方法，了解了放样、放线的基本操作。其次，对施工隧道的报检流程、隧道和大桥的工程图纸、具体施工流程有了初步的了解。最后，还进行了爆破炸药入场记录，参与了喷射及 C30、C25 混凝土方量的签收与验收。

二、复冷内腔清洗机实机装配与投入生产

历时 2 年，终于看到自己的专利成果从设计到转化为投产使用的设备，有一种极其不一样的成就感。该设备相比原清洗机最大的革新点有以下 6 点。

（1）使用清洗液清洗时，由于仅有一个水箱，两种不同的清洗功能来回切换，需要频繁地更换清洗液和水，清洗过程烦琐，效率较低。清洗一台冷却器需要至少消耗 600 升水，水资源消耗巨大。安装两台设备分别清洗时，占用场地面积较大，挤占生产工作空间，而且清洗管路拆装比较麻烦，生产效率较低。新的清洗机替代了原清洗机，将漂洗、清洗、烘干整合到一个系统里，大幅提升了生产工序的效率。

（2）本装置设计的清洗水循环系统，采用一台大流量水泵提供高压清洗液，管道系统采用 DN50 毫米大口径，清洗流量大。

（3）清洗后的工件内腔可通过 Y 型过滤器中的金属滤网上的残留物进行清洁度的检查评价。

（4）可用于各种形式复合冷却器、散热器、油水管路的内部循环清洗，尤其适合内腔容积大、通道复杂、机械无法清洗的铝及铝合金、不锈钢、碳钢等材料的液体介质通道的内腔清洗。

（5）其采用了一体化设计，整套装置安装在移动车辆上，可就近对大型设备进行现场清洗。水箱盛装的清洗液可根据不同对象特点进行调整更换，适用于多种场景和环境下的设备内部清洗作业。

（6）设备操作简单，可靠性高，造价低廉。

修改后加装了烘干机，加装了水位管，改进了控制电箱位置以便于清洗并升级了控制电路，加装了 Y 型过滤器，修正了背部管道以及水箱构造，底座安装滚轮或安装在移动车辆上，可对大型设备进行现场清洗，等等。

于无声处起惊雷

计算机学院　王思儒　（一等奖）

两个月的假期时间，是像往常一般好好"放松"，还是"躲进小楼成一统，管他春夏与秋冬"，闷头学习？这次我选择了后者，摒弃自己的懒惰与浮躁，沉下心去沉淀自己。

一、实践过程

假期初期，我报名了欧阳勇老师的实践项目——Spring Boot 信息系统开发，为的是在第四个短学期实践中锻炼自己的专业能力。同时，出于对深度学习的热爱，我并序参与了另外两个短学期实践项目，分别是基于深度学习的医疗图像分类和基于神经网络的机器人自动驾驶。在这两个项目中承蒙周然、肖腾二位老师的诸多指导，我心怀感激，难以言表。最后分别在"第十五届中国大学生计算机设计大赛"和"第五届中国高校智能机器人创意大赛"中获得了国家级奖项，用完美结果表达了对老师们的感激。

在这三个项目中，我首先完成的是基于 Spring Boot 的 Web 开发项目，学习了 JAVA 的基本内容、Spring Boot Restful 风格微服务 EndPoint 设计，同时也搭建好了开发的环境。学习了 Spring Boot 和 ORM，回顾了数据库的使用知识。除此之外，还学会了如何使用 Postman 进行端口测试，开始一步步构建 Spring Boot 应用程序。从需求开始分析构建，分析设计了用户、部门的关系与权限。通过页面布局设计，我对本次实训的项目开发有了更深入的认识。最后一节课老师还带我们学习了 Spring Boot 的 JUnit 与 Selenium 自动化测试，这也为我之后在 Spring Boot 信息系统开发项目的测试工作打下了基础，有助于我更好地完成任务。

与此同时，由于我和实验室的同学需要准备机器人与图像分类方面的两个项目。我们选择在七月份的酷暑天气继续留在学校的实训楼，进行机器人调试、软件开发。在将近一个月的留校时间里，我们每个组员都在不断地探索自己的知识边界，通过实践项目的锻炼去拓展。其间我们遇到了诸多困难，但都能想办法去克服。当我们选择的神经网络模型准确率不足时，我们对比多个网络模型，不断调整它们的参数，取其优者。当我们开发的桌面软件无法打包时，我们向学长求教，上网搜索，向老师寻求帮助。当我们的机器人无法识别道路、总是撞墙时，我们一步步、一天天反复地调整代码，尝试取不同的参数,以得到最好的效果。我们所有的组员聚在一起头脑风暴,发挥每个人的智慧。俗话说得好,"众人拾柴火焰高。"我们一路披荆斩棘,解决了一个又一个的难题。在这个过程中,我们的能力、意志力都得到了前所未有的锻炼。正是这些经历,让我们成长,成为更优秀的人。

二、实践收获

短短暑假两个月的短学期实践,让我们有机会接触到各种有趣的、有意义的项目。但其实更重要的是我们的心境:在假期里能否坚守初心,去完成自己的计划;能否守住内心的一方净土,去耕耘,去雕琢,去挑战,去突破。"于无声处起惊雷。"这一次,我想我做到了。

在实践中淬炼青春

外国语学院　沈　甜　（一等奖）

习近平总书记2016年4月26日在知识分子、劳动模范、青年代表座谈会上的讲话中指出："要坚持知行合一，注重在实践中学真知、悟真谛，加强磨练、增长本领。"坚持向实践学习，对于大学生的成长成才至关重要。我们学校每年冬夏两期的短学期实践，让我们在社会大课堂中收获了别样的成长。

我多次参加过学校组织的短学期实践，我曾在洪山区机关单位实习，扎根基层了解国情民情，倾听人民呼声，用实际行动服务广大人民群众；参加两院一地"高校与地方普通话推广模式研究"项目，以国家"推普脱贫攻坚行动计划"战略为背景，为红安县中小学生带来普通话推广课堂；参与"中国文化符号资料挖掘"项目，在可感、可知、可参与的切身体验之中深入挖掘文化符号背后的传统与时代价值，让传统文化活起来；加入"留学生汉语小课堂"，结合专业知识，为本校留学生教授汉语，传播汉语之美与中华文化之魂……"纸上得来终觉浅，绝知此事要躬行。"我抓住每一次实践机会，结合所学专业，在实践中受教育、长才干、作贡献。

一、责任

责任是成就青春的基石，有责任感才能尽职成事。梦想不能信手拈来，成功不靠纸上谈兵。举凡奔忙打拼的人，无不是有着强烈责任感的人。一次前往基层一线进行新型冠状病毒肺炎疫情排查的经历，让我对责任在肩的感悟更加深刻，真正感受到将个人命运汇入到国家发展的使命与担当。小我融入大我，溪流汇入江海。一个人愈发主动追求成长进步，就会愈发自觉兼顾个人价值和社会价值。把每一项工作做好就是有责任感，把每一件小事做好就是不平凡。

二、实干

实干是锻炼本领的沃野,有奋斗心才能立身立业。校内校外、线上线下、市区县城、街头巷尾,都是千千万万青年奋斗的广阔舞台。在三年的实践中:我曾踏着红色足迹,传承红色基因,聆听革命老兵故事;我曾深入乡镇调研普通话推广情况,助力乡村振兴;我曾走进中小学生课堂,为红安县带来爱心助学课程……在实践中关注时代、关注社会,汲取养分、丰富思想、学以致用,用实际行动服务经济社会发展和广大人民群众,在祖国最需要的地方淬炼青春、茁壮成长。青春因坚守而崇高,青春因奋斗而亮丽,青春因立业而出色。

三、刻苦

刻苦是青春最响亮的誓言,行动是青年最有效的磨砺。在庆祝中国共产主义青年团成立100周年大会上,习近平总书记对新时代广大共青团员提出要求:"要做刻苦学习、锐意创新的模范,带头立足岗位、苦练本领、创先争优,努力成为行业骨干、青年先锋。"当今汉语国际化、文化开放化趋势不可阻挡,作为汉语国际教育专业的学子,在参与社会实践的过程中运用专业所学,努力塑造可信、可爱、可敬的中国形象,也是将光荣刻在新征程的答卷中。立足专业从知识学起,立足本领从自身做起,立足实践从点滴奋起,把责任使命落到实处,让青春结出累累硕果。

"新时代青年用脚步丈量祖国大地,用眼睛发现中国精神,用耳朵倾听人民呼声,用内心感应时代脉搏,把对祖国血浓于水、与人民同呼吸共命运的情感贯穿学业全过程、融汇在事业追求中。"志之所趋,无远弗届,穷山距海,不能限也。做起而行之的行动者,当攻坚克难的奋斗者。

科技创新类

耕"郧"种"数",点亮乡村

经济与管理学院　刘彦雨　赵　峥　税典阳　(特等奖)

我来自农村,下乡是再平常不过的事情。然而,在参加数商实践活动前,张冀新老师送给我一本书——《郧阳之光》,我翻开它并品读后,被郧阳十万易地搬迁群众的奉献精神与郧阳改天换地的振兴历史所震撼,于是我开始期待,开始好奇:是怎样一群乡星创造了如此这般伟大的事业,是怎样一批乡贤开启了如此这般振兴的篇章?2022年暑期14天的短学期实践,给了我答案。

一、波折是发展中的机遇

绿皮火车上的颠簸没有磨灭团队的热情,车厢变为采访间,我们采访偶遇的郧阳易迁居民,了解他们眼中的家乡变化,感知他们的生活期盼,8小时的车程在采访、修改方案中悄然度过。下车后,我们接到当地新型冠状病毒肺炎疫情防控通知要求,团队在紧张氛围下积极配合防控工作,同时紧急修改调研方案,自主对接当地电商办,就这样为期14天的调研在波折与机遇中展开。

二、创新是困境中的捷径

郧阳袜业作为当地兜底产业,产品质量好,价格实惠,却苦于知名度低,销售不佳。团队主动做起电商直播卖袜子的工作,运用数据分析,筛选最佳直播时间段,改良直播话术和表达技巧,以大学生返乡为直播卖点吸引流量,在5天的沉默期后终于迎来销量的大幅上涨,初战告捷。

三、发展的眼光是难得的财富

调研过程中,团队发现郧阳区有着得天独厚的地理优势,但旅游产业发展欠缺。如何用所学带动当地产业发展,我们在思考,我们在行动。在墙绘赋能的渔村,在花荫环抱、黛瓦白墙的樱桃沟村,我们感悟乡旅文化,记录乡村翻天覆地的变化,探索乡村振兴的路径。行走在美丽乡村的蜿蜒小路上,听着齐清帆经理对周围村落的背景介绍,学习王金伟主任讲述建设乡村的成功经验,仿佛看见了在乡村振兴大背景下,破落的小村庄一点点变成当地的旅游景点的画卷。

历经14天的走访、取景、调研、策划,团队初步构想以樱桃沟村为原型的虚拟旅游平台构建方案,并设计初始模型向当地政府展示,获得政府一致好评。

四、技术是改良短板的良药

我们走进"香菇小镇",切实了解郧阳区农业特色,欣赏特色农产品破郧阳区穷局的优秀答卷:答案在团队深入灵芝车间学习打粉时的汗水里,在团队挽起裤脚踏入泥地为葡萄套袋的喊累声里,在一大早帮助香菇种植大户韩氏三兄弟分拣香菇时肚子发出的"咕咕"声里。深入其中,方知其中艰辛,深入其中,才知其改良良药!7小时香菇分拣任务让我深刻意识到当地香菇分拣技术的缺失,于是团队设想开发基于图像识别的智慧香菇识别技术,并深入与当地香菇种植户交流了解需求,快速制定研发定制化方案,希望可以改变香菇分拣的困局。

五、结语

习近平总书记2021年4月19日在清华大学考察时向我们青年学子提出殷切期望:"广大青年要肩负历史使命,坚定前进信心,立大志、明大德、成大才、担大任,努力成为堪当民族复兴重任的时代新人,让青春在为祖国、为民族、为人民、为人类的不懈奋斗中绽放绚丽之花。"随着新一代数字技术的蓬勃发展,大数据将进一步为数字乡村建设与乡村振兴提供新动能,作为大数据管理与应用专业的学子,我志愿在郧阳播下数智乡村的种子,在未来点亮乡村振兴的希望之光!

今夜星月交辉,明日阳光明媚

土木建筑与环境学院　徐千菁　(特等奖)

"妈妈,明天是晴天吗?""宝贝,如果今晚夜空有月亮和星星,明天就一定会是大晴天。"小时候,妈妈总是会以这种有趣的方式解答我的疑惑。不知不觉中,我对二十四节气、三伏、三九等生活常识已了如指掌。谁又能想到在多年之后,长大后的我和我的小伙伴们竟然会将这些与气象相关的知识和乡村科普实践联系到一块呢?

2022年夏季短学期,我作为湖工大"智"助乡村实践队的队长,与老师、同学们一起前往湖北省武汉市蔡甸区姚家林村开展2022年"三下乡"社会实践活动,实地走访收集该村基础信息,利用数字技术建设数字化虚拟场馆,以推动气象科普产业发展,助力姚家林村打造"中国气象第一村"。

一、骄阳似火,初识姚家林村

2022年6月8日,团队第一次前往姚家林村进行调研。我们带着各自的设备匆匆登上校车,7点准时出发前往姚家林村。第一次担任实践队队长的我既兴奋又忐忑,姚家林村到底是什么样子呢?我们的调研工作能顺利进行吗?

一个小时后,我们来到了姚家林村。此时晴空万里,所有队员即时进入工作状态,通过徒步记录、无人机飞行、采访村民等方式,对姚家林村建筑、村域、景观、生态等方面进行信息采集。

当天调研活动持续到下午6点才接近尾声,大家都满脸疲惫,我也是第一次参加这么高强度的户外调研,感到体力不支。但是,第一次的现场调研让我对姚家林村的建设现状感到欣慰。

当我在用无人机记录村域影像时,欣喜地发现:以前泥泞的乡间道路变成了平坦的沥青道路;以前欠缺的文化室、活动室等变成了与气象相关的特色广场、科普场馆;以前毫无特色的房屋建筑变成了一大片统一的黄白墙面……如此美丽的村庄,多希望时间就此暂停,哪怕住一晚也好。

"村子道路通畅了,绿化也做得很好。以前要跑到外面才能感到便利,现在在家门口就能看到这么美的环境。"村民如数家珍地向我们讲述着近些年来村子里的变化。改造后的姚家林村生机勃勃,灿烂似朝阳。

其实,早在2020年,在当地政府的支持与配合下,学长学姐们就已经开始编制姚家林村的村庄规划,并已经开始部分实施,不但改善了村民的住房条件,而且提升了村民的获得感和配合政府工作的意识。学长学姐们的规划就像夜空中的明月,为实践队照亮夜行之路,而团队的每一个人就像月亮周围的一颗颗星星,在此次"三下乡"社会实践活动中熠熠生辉。

二、阴雨绵绵,再进姚家林村

7月20日,实践队拜访了蔡甸区气象局领导,了解了虚拟防雷馆建设要求,然后再次对姚家林村进行了实地调研。路上大雨滂沱,这一次,我没有兴奋只有担忧,担心安全也担心补充调研不够。我们在气象局又了解到蔡甸区属于雷电多发区,村里大多是自建房,没有统一设置防雷装置等市政设施,而村民们的防雷意识普遍薄弱,每年都有很多雷电灾害事件。那都是一次又一次令人哀痛和惋惜的灾难。

我们建议在建设防雷馆时可以把屋顶的太阳能防雷电措施的各个细节

充分地展示出来,让每个到防雷馆的参观过的居民回到家以后都可以知道如何进行家庭防雷。通过认真探讨、沟通,我们的心情不再沉重,心中充满将调研付诸实践的坚定。

三、打造"中国气象第一村"

此次我们将气象、防雷等纳入我们的调研中,责任何其重大!一个不起眼的防雷装置,却能挽救一个又一个的生命,我们感受到了规划实施的迫切性。我想,经过多方努力,在不久的将来,村民一定会了解到更多的防雷等气象知识,一起将姚家林村打造为"中国气象第一村",迎来更加美好的幸福生活。

星星和月亮真的只在夜空中出现吗?每一个人不都是在现实中摸索前行,最后才能实现梦想的吗?"中国气象第一村"就是我们的梦想。愿今夜星月交辉,明日阳光明媚。

在竞赛中渲染青春之色

材料与化学工程学院　李文洁　（特等奖）

七八月份的江城，万事万物似乎都陷入了炎热的宁静中，但只要你仔细聆听，就可以透过知了们的激情演唱听到一群孩子关于热血、关于青春的声音。

一、无热血，不青春

迄今为止，2022年开展暑期短学期实践的那个夏天，好像是我人生中度过的最精彩的一个夏天。因为在这个夏天，我经历了许多第一次：第一次因一个问题而和同学争得面红耳赤，第一次在高达40摄氏度的气温下穿了一整天的长袖，第一次拿到国家级一等奖……即便天气如此炎热，即便几秒前还因意见不同而情绪激动、面红耳赤，我们却携手历经了人生当中不可多得的第一次。

以往常常听到已经毕业的学长学姐感叹："青春无竞赛，人生不圆满。"那个时候的我对于竞赛的期望还仅仅停留在最终能获奖这一个层面上。我和许多人抱着同样的心态，认为参加竞赛的终极目的是获得奖项，以此为今后的简历上增光添彩。但在切实地、亲身地经历过一次完整的竞赛之后，才真正体会到所谓"无竞赛，不青春"的热血沸腾和无尽感慨。

二、努力一点，再努力一点

细细想来，这次参加第十六届全国大学生化工设计竞赛似乎是我第一次没有老师的全程指导，独立地去学习知识，独立地去解决学习问题。刚开始做设备选型的时候，我曾陷入迷茫，这种感觉如果要形容，那就像是在茫茫黑夜中寻找被藏在乌云后的星辰，我感到焦虑，这种高频度的焦虑致使我时常想着放弃。但每当我转过身、抬起头看到老师眼中热切的期待时，又觉得自己应该坚持下去，便咬咬牙逼着自己努力，再努力一点。于是"咬咬牙"的我翻阅了无数的课外书籍，查阅了以前我从不敢轻易涉及的化工动力学、化工设备、化工机械等方面的知识。而历经磨难后，我同样尝到了甜头：学习掌握了许多化工知识。

学海无涯苦作舟。耗费大量时间准备的我在踌躇满志地计算最终答案时，却再次因参数错误而错过正确结论。那一刻，我几乎要崩溃，颓废、沮丧等一系列情绪更是一个接着一个地向我袭来。最初的我接受不了几十天努力化为泡影的事实，更接受不了自己辛勤劳动付诸流水的局面。但好在有大家的陪伴和相互鼓励，及时明白伤心、气馁解决不了问题，埋头苦干才是正道。于是收拾好心情，重新整装待发。

三、青春无悔，有你相伴

知识增长固然是一大收获，但更值得我珍惜的是这一路上与我同行的伙伴。二十岁的年龄本就足够美好，但更令人感怀的是：二十岁的少年们，能够在炎热的夏天待在狭窄的实验室里为着同一个目标，相互陪伴，一起成长，一起收获成功。回首这一段时光，我们会在彼此处于低谷的时候相互打气，也会在炎热的夏天埋怨进度的缓慢，也会因为晚归而低声下气又自作聪明地唤宿管阿姨为姐姐。正是因为这样一群可爱的人，让我始终都能在失意时重拾信心从而更有干劲地完成作品;也让我在答辩时信心满满,从而不再那么在意结果,即便面对失败也能始终保持积极的心态。一路走来,当初念念不忘、执着于心的结果似乎已经没那么重要了,更重要的是:青春本就无悔,而在这路上有你我的陪伴。

人们常说,每一粒种子的发芽都需要大树的遮风挡雨。而在这次比赛中,正因为有了张运华老师的陪伴,我们才能够经受住风雨,一直成长。我时常在想,在我们取得最终成果的背后,老师到底为我们付出了多少。我不知如何表达,但我清楚地知道,如果没有张老师的认真负责和悉心教导,也许当初的我们在面对问题时早早就放弃了,也许在不断经历失败打击后我们早已选择"佛系""躺平",我们或许完成不了作品。因此,此时此刻,我和我的小伙伴们要郑重地向张老师表示深切的感谢。

"新丰美酒斗十千,咸阳游侠多少年。相逢意气为君饮,系马高楼垂柳边。"在这个夏天,能够冲破无数黑暗找到自己的繁星,同时在这奋斗过程中遇见这样一群可爱的人,便是青春赋予我最宝贵的嘉奖!

以赛促研助成长

土木建筑与环境学院　李志宇　（特等奖）

我一直都明白竞赛是非常能磨练品性的，可从没想过能通过一次刻骨铭心的竞赛经历快速成长。作为一名准备考研的学生，于我而言，升入大三意味着学业愈加繁忙，但我还是和伙伴们一起选择报名参加了"中铁十一局杯"第九届湖北省大学生结构设计竞赛。我一直在等待这样一个挑战自我、证明自己的机会。而此次竞赛也让我和三重木塔模型结下了不解之缘。

一、初战告捷

赛题出来的当天，便意味着我和伙伴们长达一个月早八晚十集训生活的开始。为了使木塔模型满足既能准确通过检测，又能连续承受三级荷载的结构要求，在第一个笨重模型加载失败后，我们便及时调整思路，放弃了单靠增重来增强模型强度的想法，反复研究模型破坏截面。老师指导我们重新检测强度，更改尺寸，测试理论数据。新的方向让我们开始另辟蹊径，决定用竹条代替竹片来制作模型的主杆。新的尝试，碰壁在所难免。每一次极限加载，大家都紧绷着弦，小心地呼吸，都在希冀着一个契机，一个成功的契机："十、九……三、二、一！""加载成功！"欢呼声瞬间溢满整个模型室，那种欣喜，时至今日都令我难以忘怀。

二、乘风踏浪

对轻质高强的追求无疑将模型重量摆到了一个举足轻重的位置上，模型结构达到稳定的同时也意味着模型减重之旅的开始。然而欣喜来得快，去得更快，当天晚上我们便傻了眼。模型减重造成对制作工艺指数要求的提高，这使我们有点措手不及。我们连续尝试减小模型杆件的截面尺寸，但新的问题也总是随之而来，试件截面尺寸小到一定程度后，加载甚至撑不到压力极限杆件就先失稳弯断了。但模型减重势在必行,我们不得不改变方法,却不曾想迎来了整个集训历程中最大的"噩梦"——刮条!

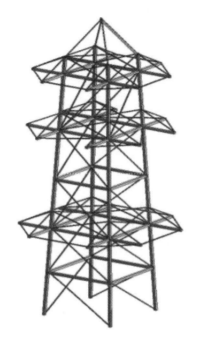

刮条,简单来说就是通过刀片刮掉竹条表面的纤维来达到本身减重的一种工艺。但对不熟悉竹制品手工制作的我们来说,硬生生地将一个完整的竹条刨掉一半的重量,还得保证竹条薄厚均匀,这无疑是非常困难的。从最开始刮条需要三个小时,到后来的两个半小时,再到最后仅需一个半小时,手上大大小小的伤痕已经数不清。为了能够检验一次竹条薄厚,我们不得不把整个模型全部做出来加载,只为完成一根杆的检验,不知道经历了多少次的尝试,找到厚度临界值的那一刻,我们终于长长舒了一口气,用尽九牛二虎之力已经不能形容我当时的状态了。

三、凤凰涅槃

工艺没有问题后便正式开始了对工况的研究。由于竹材具有抗拉不抗压的性能,我们选用了不常规的对角摆放柱位,在三级受力方向仅靠一根主柱受压,来大大缓解其他三根轻柱的荷载。多方位的细节改善终使我们的模型在赛场上一骑绝尘,最终我们以第一名的成绩获得"中铁十一局杯"第九届湖北省大学生结构设计竞赛的一等奖,献礼母校七十周年华诞!

站在领奖台上的那一瞬间,无数的感动涌上心头,深知荣誉的背后是无数人看不见的艰辛和付出。感谢学校对我们的竞赛一如既往的支持,感谢指导老师在训练期间对我们事无巨细的指导。忘不了湖工大模型室的每一个人,忘不了日复一日训练过程中伙伴们相互的陪伴和磨合,忘不了无数次的受挫和坚持,忘不了伙伴们互相打气、共同进退的点点滴滴。

没有哪两个字比"战友"更适合用来形容我们团队成员间的关系。我们彼此间真挚的情谊,我们一起吃过的苦,相互扶持走过的路,组成了我们人生旅途中的一幅绚烂风景。湖工大满地废弃木塔的模型室是我们的"战场",它见证了我们的成长。谁的青春不需要一段想起来就热泪盈眶的奋斗史,对竞赛的执着和热情最终带给我们的是青春岁月里最难忘的一次经历。并肩的战场,竞赛促研助成长!

"壳"起未来,虾壳固废变身可降解塑料的引航者

经济与管理学院　张志超　(特等奖)

环境恶化是一个全球性的问题,基于此,我国大力倡导低碳减排,加快健全绿色发展体系。身为一名能源经济专业的学子,我时刻关注身边的绿色环保问题。

一、缘起与思考

在偶然的一次吃小龙虾的过程中,我了解到小龙虾可食用率约21%,其余的79%均成为厨余废物。据统计,仅2021年全国就产生了逾210万吨虾壳固废。对虾壳固废一般采用以焚烧为主、填埋发酵为辅的方式进行处理,这会造成很严重的环境污染问题。与此同时,我们在吃虾时手上戴的一次性塑料手套,也会产生很大的污染问题。那有没有同时解决这两大污染的方案呢?这个问题引发了我的深入思考。

在胡常春、隋海清老师的带领下,我发起了"集结号",召集了一批来自不同领域、敢想敢做、积极创新的同学,组建了一个团队,决定利用暑期时间干一件以废治废、造福未来的大事。

二、探索与实践

经过阅读大量文献,多次进行配比设计、性能测试、工艺改进,团队终于确定了方案。我们决定以小龙虾固废为原料,采用热甘油预处理、低共融离子技术,先利用卷积神经网络技术筛去杂质,再提取甲壳素,制备壳聚糖,通过吹塑、注塑等工艺研发生产可降解塑料制品。总而言之,我们决定将虾壳转变为可降解塑料,以废治废,解决两大污染问题。团队经多次创新,通过使用催化剂、设计生产流水线,使得壳聚糖产率纯度提高约2倍。

由于原料来源的特殊性,我们生产设计的塑料袋较市面上成本降低约

63%,可在商超领域发光发热。我们的产品在堆肥条件下60天即降解,无毒无害,同时还具有防腐保鲜功能,模拟夏日温室暴露环境5天,可有效阻绝细菌真菌。

在本次暑期实践中我充分结合学科背景,学以致用。通过全生命周期评估分析,我发现我们的产品碳排放很低,约为市面上常见可降解塑料PBAT(Polybutylene Adipate Terephthalate,热塑性生物降解塑料)的七分之一。如将我们研制的可降解塑料花盆用在园林移植方面,降解后可生成肥料,回馈自然,起到稳固根基等的作用。

暑期我参与了由共青团中央与KBA联盟主办的大学生创业实训营,参与了湖工大国际交流与合作处新加坡南洋理工合作项目。在通过与多位专家老师的交流和经团队商讨后,我们优化了自己的卷积神经网络模型,使得杂质筛选准确率达到99.38%,并决定采取三维一体化商业模式,上中下三个维度结合,打造变废为宝的菜鸟驿站。前期主要生产CS塑料,后期由2C逐步转化为2B,提供技术指导并监督厂商。

三、成长与收获

我于暑期8月参与了清华大学主办的NS-Plan计划,受到多方资本的青睐,获湖北某公司200万意向投资。同时项目受武汉发布公众平台、湖北经视、新浪微博等媒体的报道,并收到中国生物多样性保护与绿色发展基金会邀请,参加了"2050:展望零塑星球"日内瓦国际会议。我们郑重向社会各界宣布,小龙虾虾壳是塑料污染的终结者!

在参与本次短学期实践过程中,我个人收获满满:申请了2项实用新型专利,发表了1篇SCI论文,并多次参与学科竞赛,获奖2项。

我们勇于承担社会责任,入驻志愿汇平台,深入社区积极宣传环保知识。今年暑假,我带领团队前往大风车幼儿园与小朋友们互动,并绘制了以"终结塑料、低碳环保"为主题的手抄报。

后期我们将继续实践下去,继续研发、优化提取工艺、探索多种应用渠道,担起能源变革之重任,用经济之尺改变世界。让我们携起手来,立足当"虾","壳"起未来,为可持续发展而战!

支教是一场双向的邂逅

经济与管理学院　李梦璟　（一等奖）

不知道是被"春蚕到死丝方尽，蜡炬成灰泪始干"等诗词打动，还是被那些感人至深的支教故事打动，我一直都有着一个支教梦，梦想着在支教地区的三尺讲台上发光发热，挥洒青春。

于是在2022年7月4日，我跟随湖北工业大学"薪火青团"守护朝阳社会实践队来到湖北省红安县，投身于为期三周的暑期支教活动。

一、初到支教地

那是一个晴朗炎热的上午，太阳高悬于天空，我们在地铁、高铁、公交之间辗转，几番周折，终于到达了目的地——红安县高桥镇詹店小学。到达目的地，展现在我眼前的，不是破旧落后的设施，而是整齐划一的楼房，是平整宽阔的塑胶跑道，是绿意盎然的校园环境。惊讶之余，更是感慨，在党的领导下，国家强大了，乡村振兴了，环境优化了，人民的生活水平提高了。我们到达之后的第二天便开始招生。家长对我们十分信任，纷纷带孩子们前来报名。很快就招到了一百多个小朋友。看着孩子们纯真的笑脸，我心中升起一股暖流。

二、开展支教活动

我讲授的是辩论课，记得第一次为孩子们上课时，我提前20分钟就来到了教室，将上课所需的课件和视频准备好。上课铃还没响，孩子们就都已经坐到了座位上，好奇地看着我调整课件。我站在讲台上，听见好几个孩子在下面小声地讨论课件上的内容，很多孩子们没有接触过辩论课，感到十分新奇。他们好奇教辩论课的我，好奇课件上的视频和图片，更好奇辩论和辩论赛，他们你一言我一语，言语里尽是抑制不住的兴奋。

知道了孩子们对辩论的好奇，我更加想教好辩论这门课程，带孩子们走进辩论的世界，领悟辩论的魅力。我原本还担心孩子们会比较腼腆，不敢积极地举手发言，参与课堂互动。事实上，无论课上课下，孩子们都十分热情，在课堂上更是争先恐后地举手发言。

我觉得这些孩子们就像一个个小精灵，他们天真烂漫，纯洁无邪。有的顽皮淘气、聪明机灵；有的活泼开朗、言语坦率；有的腼腆害羞、沉默寡言。和他们相处随意自由，无拘无束。我是他们的授课老师，是他们的大姐姐，更是他们的朋友。他们会同我分享他们的零食，和我谈论他们的快乐和忧伤。

课后我们还对学生进行了家访。第一次家访时，是我和另一位队员两人一组，家访对象是D班吴同学。记得那天放学后，我们跟随吴同学来到她家。一进门，吴同学的妈妈就热情地同我们打招呼。当问到吴妈妈对我们支教活动有什么建议时，她笑着说道："你们来红安支教，什么都好，就是时间太短了点，如果支教时间更长就好了。"我笑着回应道："还是要留更多的时间让孩子们享受暑假生活的啦。"我明白吴妈妈话语中的真挚。吴同学在夏令营中表现优秀，吴妈妈将女儿的改变都看在眼里，她也因此认可我们的工作。

三、支教活动感悟

三周的支教活动转眼间就结束了。也许随着时间的推移，我会忘记孩子们的名字，但我忘不了初至红安县时孩子们热情欢迎我们的场景，忘不了早读时孩子们清脆响亮的声音，忘不了课堂上孩子们举手发言的画面，更忘不了文艺汇演上孩子们精彩的表演。

支教是一场志愿服务活动，也是一场双向的邂逅。在支教的过程中，我们向孩子们传授知识、给予陪伴，丰富了他们的童年；他们也向我们回以善意、传递温暖，点缀了我们的青春。

脚踏实地，砥砺前行

电气与电子工程学院　胡海曼　（一等奖）

每个学期的短学期实践活动都是一次提前体验社会的机会，对我们来说也是一次很好的磨砺。作为一名湖北工业大学电气与电子工程学院刚结束大一课程的学生，我在短学期实践活动中实践、创新与收获，不仅将自己在电子信息工程专业所学到的知识运用于实际，更将所学知识拓展到临床医学领域，希望能够通过自己的所学所得为临床科研作出贡献。

一、我实践，让自己的理论知识有用武之地

在2022年暑期短学期实践活动中，我参加和体验了在校内接触不到的科研活动。在7月16日—17日我报名参加了第五届全国超声医学质量控制大会，学习了与超声图像诊断与治疗相关的质量控制方面的知识，为未来进一步学习图像后处理做铺垫。在这一次的会议中我认识到了每一行论文内容的严谨性，看似随意采集的图片其实都是每位医生的经验积累，只有经过一次次的反复操作才有了后来的熟练。

在此次会议结束后的几天，我便开始了我的另一个实践活动——英国帝国理工学院的暑期课程"机器人、物联网和人工智能"。这个实践项目让我在机器人与人工智能、物联网—人体传感网络、网络安全及机器学习等诸多领域有了新的认知，有机会更进一步拓展自己的兴趣。在这次的课程学习当中，我也认识到了许多优秀的学长学姐，他们为人谦卑，同时也非常努力。他们暑假依旧待在学校图书馆或是课题组中，不断学习。他们也时常鼓励初出茅庐的我，当我害怕由于能力有限而拖累小组进度时，他们会说自己当初也跟我一样，激励我努力学习新的知识。最后，我和小组成员顺利完成了一个团队课题——一个可自动巡航的分拣机器人。与此同时，我参与到科研小组以第一作者的身份提交了2篇2022年中华医学会超声医学分会的会议摘要。

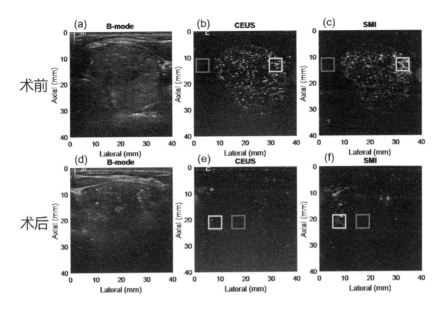

二、我创新,让不同的领域碰撞出新的火花

在暑期实践过程中,我也辅助华润武钢总医院超声医学科申报项目,参与第一届"红数麟杯"数字化成果创新大赛。该比赛主要是运用云计算、大数据、人工智能等新一代数字技术,实现产品化且服务于央企与国企,为实现产业化赋能。因此,我利用自己过去一年在课内外学习到的知识,将物联网、人工智能等相关技术与项目组所做的超声医学图像结合起来,撰写了项目计划书,期望运用云计算、大数据、物联网、移动互联、人工智能、数据要素市场等数字技术来实现数字化产品的创新。同时,在2022年冬季短学期实践中,我也利用奇异值分解滤波帮助超声科室进行了图像后处理工作,以帮助医生更好地判断图片,提高工作效率。

三、我收获,感受花开的喜悦

在这次的实践活动中,我收获颇丰。例如我参与发表了一篇国际顶尖会议论文。该会议论文为国际超声研讨会(IUS)文章,主要内容为基于超声超分辨成像的甲状腺鉴别诊断。在超分辨成像的作用下,人体血管以及血液的流动可以更加明显、直观地展现出来。这一内容同时也是我在2022年冬季短学期实践过程中主要从事的工作。与此同时,我也以第二作者的身份在北大中文核心期刊上发表了一篇文章,标题为《奇异值分解滤波对超声造影超微血管成像图像质量的影响》。文章主要探讨奇异值分解滤波在提升基于超声造影的超微血管成像图像质量上的价值。

  一片叶子属于一个季节,年轻的莘莘学子拥有绚丽的青春年华。谁说我们年少轻狂,经受不住暴雨的洗礼?谁说象牙塔里的我们两耳不闻窗外事,一心只读圣贤书?走出校园,踏上社会,我们同样能不辜负亲人、师长、学校的期望,书写一份满意的答卷。

实验室打工仔变形记

土木建筑与环境学院　胡　宵　（一等奖）

作为土木建筑与环境学院环境生态工程专业的一名学生，实验室研究成为我们学习进程中的一门必修课，同时，也成为这个专业的独特魅力之处。每一名学生，都渴望早点加入到实验室这个大集体中，渴望在这里接触到书上所提及的一些神奇的景象。当然，我也不例外。

一、实验室里的"打工仔"

第一次接触到实验室是在大二上学期的专业实验课上，我们按照环境化学课老师发的资料寻找药品并进行相应的配制，通过学习使用高压灭菌锅和分光计来测量实验室水源和巡司河水质的水环境质量指标。在环境工程原理老师的指导下，培养菌类并借助显微镜观察其生理结构。第一次接触到解剖，在小组团队协作下成功解剖了一条小鲫鱼并画出了其器官内脏结构图。这种种实验让我对生态实验室充满了好奇，我开始珍惜每次做实验的机会，满怀热情，渴望在实验室闯出属于自己的一片天地。

然而现实却没有我想象中发展得那么顺利。第二次踏入生态实验室大门是在大二上学期的寒假短学期实践期间，在向班导师表达了对做实验的渴望后，我成功加入了"研究沉水植物钙磷共沉淀对附着微生物群落的影响"项目团队。团队中除了几名和我拥有共同兴趣爱好的同学以外，还有几位班导师正在带的研究生学姐学长。项目工作开展前，学姐学长向我们讲解了实验原理和整个工作流程，并建议我们课余时间多找一些文献去阅读，进一步熟悉研究对象。可当时的我并没有在意学姐学长的建议，只觉得这是所谓的"客套话"工作，只需要简单走个流程就行。相比之下，动手操作实验对我来讲更具有吸引力。可到了真正的实验阶段，才知道一切并没有我想得那样轻松。在实验准备阶段，我们每天下午花两个多小时的时间用抽滤机抽滤得到培养水,足足持续了一周。根据实验要求,实验组加上对照组共五十多个大烧杯,每个都需要1升的纯净培养水且每天都要换水。仅是前期无聊单一的准备工作就消耗了我大量的时间和精力,我的热情在每一次的抽水、倒水、换水中逐渐消磨。没想到中期的测量阶段更加折磨人。每天早上来一楼培养室换水,将前一天的培养水用测量瓶装好后送到五楼实验室进行各项指标数据的测量;然后将培养水用试管分装起来,向其中加入配制好的各种药品后放置在高压灭菌锅中进行消解或进行水浴加热。完成这几项工作时已经是下午了。待到消解、水浴加热工作结束时已经到了晚上,这时我们还需要再回到实验室用分光计进行测量。一天24个小时,基本上要花9个多小时的时间待在实验室里,更何况工作内容还是日复一日的枯燥无聊,我认为自己辛苦又委屈,认为自己付出了很多。这种心态一直持续到短学期实践结束。后来,在短学期答辩上列举着自己所做种种工作时,却因为不了解实验原理答不上班导师问的问题而被批评了。那时候我才真正地意识到了自己的错误:做任何事情想要有所成就都不容易。之前课堂上的实验那么轻松有趣,是因为前人已经为我们铺好了路,我们只需要沿着脚印来就可以成功。而当我们决定去尝试担当起"前人"这一角色时,就应该不怕枯燥无聊,不怕艰难困苦,不该一味地追求实验结果所带来的成就感,应该学会享受实验的准备过程、测量过程,学会去了解一些实验原理,学会去融会贯通,学会去拥有更多属于自己的思想,不要成为实验室的"打工仔"。

二、实验室里的"优等生"

今年的暑假短学期,我再一次踏进了实验室的大门。这次我自己要求继续留在班导师的项目团队,继续跟学姐学长们学习实验室知识,继续跟进实验室项目。这次的工作没有什么大的变化,依旧是抽水、倒水、换水、测量等一系列实验室工作,甚至夏天的炎热干燥让培养室工作环境变得更加艰苦。但是相比冬季短学期实践,这次进展得却更加顺利,因为我的心态发生了变化。我开始主动与学姐学长们交流,开始主动了解一些实验原理,在完成自己任务前提下主动给他们帮忙,在遇到疑难问题的时候及时询问班导师。终于,我们在这个暑期短学期实践中获得了大满贯,实验进程提前达标,数据完成度较高。同时我也在这次短学期实践中受益匪浅,不仅了解到了更多实验指标测量原理,能够开始熟练地操作实验器材,更是体验到了实验给我带来的乐趣。我也在这个短学期实践答辩中,得到了班导师的认可,被推荐为班级短学期实践申优人选。

三、实验室感悟

实验室作为我的专业课实践"老师",让我在实验操作中学习各项专业知识,熟练掌握各项测量流程;她作为我的合作"伙伴",帮助我们分析了各种数据,推进了实验项目的进程;她作为我的知心"朋友",陪我度过炎炎夏日与寒冷严冬,记录着每一次挫折每一次成功。

实验室陪伴着我,感动着我,而我则将自己的青春活力献给她。感谢你的一路陪伴。

绿色在我手中

土木建筑与环境学院　杨　琳　（一等奖）

绿水青山就是金山银山。随着"创新、协调、绿色、开放、共享"新发展理念的深入贯彻落实，绿色成为新时代发展的底色，使美丽中国建设驶入了快车道。我们作为学生虽然平凡，但仍是构成历史的一份子，是推动时代进步、实现民族复兴的涓涓细流之一。当年，中华民族的革命先辈们正是因为怀揣着"天下兴亡，匹夫有责"的使命感，才能使得泱泱华夏从百年前的艰苦岁月中一步一步涅槃重生、破茧成蝶。新时代的我们，又怎能"处江湖之远"而不心怀天下呢？我们更应该马上采取相应的行动，将绿色牢牢掌握在自己手中。

一、实践过程

在湖北工业大学就读的两年来，我参与的均是有关环境专业的短学期实践。大一上学期我参与的是社会实践类，主要了解我和我的家乡——身边的环境。对刚迈入大学的我来说，第一次将专业所学运用到实践中，无疑打开了我认识环境专业的大门。

经过大一上学期的短学期实践，我对环境专业知识的实用性有了初步认识，于是我选择进入实验室，进行进一步学习。同时我查阅资料了解到，近年来市政污水处理厂产生的污泥与日俱增，为后续的运输、储存和处理带来了诸多不便，于是我报名参加了短学期实践项目——"污泥渗水通道脱水技术来探究三种脱水方式对污泥脱水效率的影响"的研究工作。初次进实验室进行短学期实践，我对许多专业知识和实验操作都不太了解，但在老师和师姐的指导和帮助下，我最终圆满地完成了研究的任务，得到在气压脱水、真空过滤、液压脱水三种脱水方式中液压脱水效果最好的结论。

大二上学期我参与的实践项目是"新型污染物的污染现状及生态风

险",也正是由于这次短学期实践,我学会了用Origin、Arcmap软件作图,掌握了作图对比和数据分析的基本技能。

在前期短学期实践的基础上,今年暑假我又参与了"微通道污泥脱水技术"的短学期实践项目,通过构建不同渗水通道来探究渗水通道对污泥脱水效果的影响。

我们的实验方案是取一定量的市政污泥加入分散通道进行调理,得到调理产物,然后在装置中加入固定通道,在机械液压条件下进行实验得到泥饼和滤液,得到数据进行处理后再用Origin软件画柱状图来进行结果对比。最终我们得到结论:将微通道和渗水通道结合脱水可大幅度提高污泥脱水效率。

值得骄傲的一点是,这次短学期实践全程每个环节,无论是外出采样、实验,还是数据处理、答辩总结,我都有亲自参与。最后在老师的指导下,我们圆满完成了此次短学期实践的探究内容。

二、实践感悟

"纸上得来终觉浅,绝知此事要躬行。"经过四次短学期实践,我深刻地体会到:环境专业数据的质量是靠一丝不苟的工作态度和不畏艰苦的奋斗精神来保证的。采样、运输、保存、实验、分析、总结,每一个环节都闪耀着环境人的初心。安静、整洁的实验室,一根根明净透亮的移液管,一个个光洁如新的玻璃器皿,一台台精密稳定的仪器设备,都凝聚着环境人对数据高度负责的责任心。

环境工程作为工科专业,由于专业难度和就业率低等现实原因,一直以来都被大家调侃为"天坑"专业。我有时也会发出疑问:学环境工程专业将来有什么出路呢?而现在,我大三了,在学习到更多的专业知识,参与了环境工程专业的四次短学期实践项目之后,我明白了环境工程专业的重要性,同时我也明白了学校开设短学期实践的良苦用心。环境之于我,再也不是一个抽象的概念。环境人孜孜不倦的追求,是为了留住心中的那片绿色:春风裁柳,碧如丝绦;夏雨过后,绿叶晶莹;秋风习习,桂花飘香;冬梅傲骨,众芳独暄。环境人的精神深深地打动了我。

"长风破浪会有时,直挂云帆济沧海。"环境人用心血和汗水铸就了新时期的"创业比奉献、创新比作为"的精神。正是这种精神,激励着我们勇往直前、义无反顾,激励着我们无私奉献、任劳任怨,激励着我们为新时期的经济发展保驾护航,为开创绿色中国环保新局面奉献我们的青春和力量!

生态治理,道阻且长,打好环境污染防治攻坚战是时代赋予我们的职责。作为青年一代,我们一定不忘初心、砥砺前行,用实际行动践行环保铁军的历史使命。

从此,与湖海为伴,和山川结缘,为祖国守护这片美丽广阔的绿色家园贡献自己的一份心力,用青春与汗水书写"美丽中国"的绿色之梦!

奋斗青春,且歌且行

土木建筑与环境学院　吴鑫鑫　(一等奖)

在2021年和2022年的暑假,我参加了"基于动力学原理的构筑物建造"的短学期实践项目。这是我第一次参与操作性这么强的实践项目,这次实践活动也是令我印象最深刻的一次实践活动。参加本次项目的有"panda社团"的成员们和指导我们的老师以及学长学姐。

为期三周的短学期实践,于我而言收获满满。这也是我第一次了解到原来还有这样一种用线形成面再形成体的模型搭建方式,模型不仅造型新颖,搭建过程也趣味十足。在参与搭建模型的工作中,我与许多不熟悉的伙伴有了更多的接触,在合作中大家逐渐熟络且有了默契,这也是一份不小的收获。

一、实践过程

整个7月份,我们12人组成的小团队都在循序渐进地开展工作。实习开始第一周,我们完成了最初的准备工作,包括材料的采购、计算机模型的确定、小模型的制作、修改等。我负责的任务是一部分的实体模型制作,比如裁剪绳索、根据计算机模型进行数据打点、搭建木头框架等。到了第二周,团队的工作进入了第二个部分——一比一实体模型制作。这段时间由于很多伙伴有学业任务,所以只能抽空过来参与搭建。没有空调、没有电扇,导致搭建过程充满"热量",所有人都汗流浃背。但这并没有阻碍模型搭建工作的正常推进,学长更是通过直播的方式监督记录下每一个搭建的瞬间。第三周,我们持续推进模型的搭建工作,经过大家的不懈努力,模型厚度的误差问题终于得以解决,对出现问题的绳索我们也重新进行了裁剪和打点。问题解决后,大家充满了干劲,颇有"大鹏一日同风起,扶摇直上九万里"的气势,搭建工作也逐渐步入正轨。最后,搭建工作进入尾声,我们拿起剪刀剪掉了加固绳的小尾巴,一点点修正整体的造型,最后的实体模型也一点点露出真面目。

整个模型搭建过程可以说是一波三折,用 Grasshopper 和插件计算数据时,乱码、卡壳的情况时有发生,学长学姐们经常在电脑前一待就是一整天,而我却因为不会操作而心有余而力不足。另外,实体模型搭建也经常出现误差,有的绳子扯得很紧,有的却松弛得无法支撑。其实很多问题如果考虑周全一点是完全可以避免的,但人非圣贤,孰能无过。这个世界需要年轻人有不惧碰头的勇气、披荆斩棘的精神,这些经历与磨难,也将成为我人生路上的珍宝。最初搭建模型的时候,我也感觉非常生疏,找点都要耗时许久,后来逐渐熟能生巧,可以一个人完成找点、对点、加固等操作,搭建的速度越来越快。项目在不断推进,我们也在慢慢成长。

经过了大半个月的努力,模型终于完成了。这样一个庞然大物摆放在房间里,令人感到无比震撼。工作结束时,我凝视着这个凝聚了大家心血的模型,良久都没有说出一句话,我激动的心情无法用言语表达。我体会到的不仅仅是完成一件事的成就感,更是不断解决问题、不断进步的喜悦感,还有和伙伴们同甘共苦、同舟共济的归属感。困惑时,我与伙伴们集思广益;懈怠时,我们切切偲偲,鞭驽策蹇;难过时,总会有人一旁倾听,和风化雨。

二、实践收获

"成功的花,人们只惊羡它现时的明艳!然而当初的芽儿,浸透了奋斗的泪泉,洒满了牺牲的血雨。"诗人冰心用这句话表达了成功路上的艰辛和努力。我们的搭建小分队在实践的过程中也正是如此。要想获得成功,不仅要有直面挑战的勇气,还要有坚持到最后的毅力。也许我只是一株稚嫩的幼苗,然而只要坚韧不拔,终会成为参天大树;也许我只是一条涓涓小溪,然而只要锲而不舍,终会拥抱大海;也许我只是一只雏鹰,然而只要心存高远,哪怕跌几个跟头,也终会翱翔蓝天。回想起搭建模型过程中的点点滴滴,各种艰难困苦在看到成品的那一刻统统化为泡影。对我来说,这是一次珍贵的实习经历,也是一段美好的大学记忆。在未来,我也将继续努力,持之以恒地锻炼自己,让自己不留遗憾。奋斗青春,且歌且行。

奋斗青春，有你同行

材料与化学工程学院　程　凡　（一等奖）

"厚德博学、求实创新。"秉承湖北工业大学的校训，作为材料与化学工程学院化学工程与工艺专业的一名学生，我结合自身专业和个人特长，和几位志同道合的小伙伴一同参加了第十六届全国大学生化工设计竞赛，也正是这次实践让我真正理解了"团队"的含义。

一滴水只有放进大海里才永远不会干涸，一个人只有在把自己和团队目标融合到一起的时候才能最有力量。

一、老师引领

比赛通知在官网发布后，我开始和班级同学联络沟通。在确定好团队参赛名单后，我们便围绕着本次大赛的主题1,4—丁二醇构想出我们团队的名称"醇凭本事"，并邀请闵捷老师作为我们的指导老师。大二上学期的寒假，闵捷老师为我们介绍了比赛的流程和人员分工情况。五个小伙伴都有明确的分工，如ASPEN模拟、CAD绘图、文档编辑、三维建模等。我的主要工作为CAD绘图，负责比赛物流工艺流程图、管道仪表流程图等图纸的设计与绘制。寒假期间，我自主学习了AutoCAD软件。

作为一名化工专业的学生，我深知科学研究是一个艰苦求真的过程，参加作为A类赛事的化工设计竞赛，也是如此。我曾激动喜悦，但也曾恐惧退缩，这归根结底是因为我缺乏过硬的专业本领。庆幸的是闵捷老师及时给予了我安慰和建议，并告诫我："年轻人应该做到不畏惧挑战的同时学会正视失败。"最后，我想明白了，希望自己能以务实严谨的科学态度为团队的化工设计作出卓越贡献，以艰苦奋斗的人生态度诠释一个化工人的人格魅力。

二、团队作战

不可否认，大赛周期比较长，从每年寒假开始算起，到8月份左右开始国赛,历时半年。在这半年时间里,我和队友既要完成在校的学习任务,又要共同完成一个高强度的比赛,需要耗费很多精力。由于专业知识储备少,没有化工设计的经验,我时常感到迷茫困惑。面对高难度的设计任务,我常常会陷入无从下手的窘局,甚至失去奋斗的信心。但一想到身旁一同奋战的队友正在电脑前做着同样高难度的工作,却不曾懈怠,我就又有了继续向前的勇气。正是每一次大家团结一致、共同奋进的画面,一次次燃起了我的斗志。面对困难,我选择和大家一起交流,询问指导老师,队员之间相互打气加油。闵捷老师经常关心我们的进度并给予我们鼓励。最后,20号的晚上,我们"醇凭本事"团队提交了作品,也最终获得了本次竞赛全国三等奖的好成绩。

此次短学期实践最重要的是锻炼了我们自主学习、开拓创新、团队协作的能力,其中团队精神尤为重要。我们获得的任何成绩都离不开团队成员的相互鼓励、相互支持、相互协作。每天我们都会详细的记录工作进度以及所遇到的问题,然后将每天的工作内容整理成文,在"校友邦"APP上以日志、周志的形式呈现出来。20多天的比赛经历让我看到团队成功时的笑容和失意时的沉默,更让我意识到了团队凝聚力的重要性,也感受到了一个为着共同目标而努力的团队所蕴含着的无比强大的精神力量。

三、致敬青春

在这短暂的时光里,我们在飞速运转的网络世界里无言博弈,用发烫的电脑键盘打造属于自己的化工园区,一台电脑、一只鼠标形成了一片嘈杂声外的世外桃源,这里是属于我们的世界。傍晚,落日余晖,我们五人同行,记录着湖工大的点点星空,用汗水挥洒校园,将智慧凝于指尖。

少年一贯快马扬帆,道阻且长且不转弯,要盛大要绚烂,致敬这个黄金一般的青春。

牛刀小试,关关难过关关过

生物工程与食品学院　黄玉娇　(一等奖)

第十一届全国大学生制药工程设计竞赛是由教育部高等学校药学类专业教学指导委员会主办、中国医药集团联合工程有限公司和上海东富龙科技有限公司协办、各高校共同承办的一项制药工程专业设计类传统赛事,号称制药工程专业"最高赛事"。在本次比赛中,我们需要尽可能地发挥我们的专业知识和技能,完成建立制药工厂初期的物料衡算、设备选型、PID图(Process & Instrumentation Drawing,管道仪表流程图简称PID图)、平面布置甚至后面的三维设计等任务。

一、苦练本领

规范是制药之根,是生产之本,学习建立一个药厂,第一要务就是学习制药相关的法律法规。除了学习制药相关的法律法规,我们还通过学习讲座进一步了解了本次比赛的任务以及药物质量管理规范在生产实践中的应用,学习这些知识让我们收获满满。

二、打怪升级

随后,我们正式踏上了我们的参赛之旅,但这次"旅程"显然并不轻松。首先,物料衡算就给我们来了迎门一棒。如何确定批次?如何进行生产排班?物料的投放究竟是一支一支地算,还是一批一批地算?倒着推和正着算的物料差距为何那么大?初窥门径的我们充满了众多的疑惑。一个又一个的问题就像升级路上的小怪兽等待着我们解决。而解决问题的唯一途径,就是耐心、细心,以及持之以恒地努力。通过反复验算、互相比对、查阅资料、确定生产时间,一遍遍向指导老师们确认,我们最终得到了一个大家满意的物料投放方案。

然后,我们迎来了第二个"大boss"——设备选型。众所周知,最先进的设备都在厂家手里。所以想要为我们的药厂方案选出最好的也最合适的设备,必须跟这些厂家深入交流,从一切途径获取我们所需要的信息。在这个过程中,我们被拒绝过,也收获过友善。为了获得信息,我们甚至进行过"包装",也在与一个个厂家交流的过程中,了解了各自制药设备的特点。在我看来,设备选型的过程,就是我们学习知识最好的课堂。

一个复杂的工艺设备充满了不规则的线路、阀门和管道。如何让别人迅速、清晰地了解它的运行原理以及控制方法?答案就是PID图。想要让别人了解设备的运行,首先我们自己要对它有深入的了解。因此,我们认真学习了每一个设备的运行原理和控制方法,也了解了常见仪表阀门在生产设备中的应用,最终一步步画出了我们的PID图。

如果说画PID图是在做减法,那么平面布置就是在做加法。从一个简陋的方格开始,加上安全门、走廊、设备面积,以及对洁净度、人流物流、门的摆放和可参观度的要求,才能形成一个井井有条的平面。一个属于我们的工厂,也从这里开始逐步成型,等待着我们继续完善。

三、取得"真经"

通过本次短学期实践,我和团队收获良多。我们深入接触了制药工程专业未来将要涉及的专业知识,积累了这种大型专业比赛的参赛经验。在与各厂家专业工程师的沟通交流中,增强了自己的人际交往能力。最重要的是,在分工合作、协力完成比赛的过程中,我们的友谊得到了增进,团队协作能力也得到了提高。

在收获之余,我也有不少感悟。第一,对工匠精神的深刻理解。一个完整的作品背后,是大量基础知识的积累,是一小步一小步的艰难前行。细节决定成败,唯有精益求精才能得到满意的作品。第二,终身学习的理念。这也是我在与专业工程师沟通过程中领悟的。制药设备领域日新月异,即使是从业几十年的专业工程师,也要不断学习进步,才能不被淘汰,何况是学识浅薄的我们。只有不断学习,终身学习,才能屹立在时代的浪潮中。第三,对"我的梦,中国梦"的进一步认知。在设备选型的过程中,我们与国内国外的大小设备厂家都进行了深入地沟通,实实在在感受到我国专业制药设备与国外存在的一些差距。国内很多设备厂家最先进的设备依旧是从国外引进的,这样带来的必定是制药成本的提高。为了改变这一现状,我们年轻一代必须扎根专业基础知识,稳步成长。我们一定要成为有用的工程型人才,为我们的制药行业发展献力!

在实践中学习、成长、感悟

机械工程学院　喻春风　（一等奖）

一、支教：让青春绽放在祖国最需要的地方

有幸在大一就加入了爱心助学社"暑期千里行"支教项目。为了能加入这一项目，我可以说是披荆斩棘，经历了面试、课堂试讲和为期一个月的体能测试。经过一轮一轮的考评，我有幸最终参与到孝感市李店镇的支教项目当中。

支教小分队成立初期，大家在学校进行前期的备课，对负责的课程进行PPT的撰写以及课程讲义的排版。我主要负责讲授历史兴趣课程以及爱国教育课程，同时还负责暑期安全教育讲座。

在正式的授课中,我也逐渐进入角色。从刚开始的磕碰,不知道如何与孩子们交流,如何以合适的方式引导着孩子们学习与成长,我逐渐成长为懂得怎么寓教于乐,以及如何引导以及培养他们的兴趣,让课堂变得不再枯燥。

结营仪式是我们给当地的献礼,在结营仪式部分,我主要负责《少年中国说》朗诵节目。结合视频观看的感受,我从节奏语气的教学划分到阵形手势的排列等各个方面组织孩子们学习,最终才呈现出最后较好的节目效果。

李店镇不是我想象中的那么落后破落,那里有一所新型的乡村小学,但是教学设施和环境还是相对落后。七月份的天气,我们的衣服总是湿了又干了又再湿。厕所也是那种大通厕所,睡觉是打地铺席地而睡,饭菜有时也需要自己准备。虽然如此,但支教的生活仍没有想象中的那么艰苦,学校和当地村民将最好的资源提供给了我们,让我们十分感动,也希望用自己的绵薄之力回馈他们的心意。

七月末结束了线下支教的生活,八月初我又参加了网上云支教活动活动。生活一样,每天需要备课教学以及课后总结,只是从线下转为线上,但支教的温情依然在传递!

二、竞赛:用奋斗给青春抹上靓丽的底色

学科竞赛是大学生必不可少的话题,竞赛已成为衡量学生除了绩点甚至比绩点更具分量的一环。几乎没怎么参与其中的我羡慕于同学手中的省奖、国奖,而我还停留在校奖的层次。对竞赛重视起来的我也在不断寻找机会,大二学期末,我接受同学的邀请,有幸直接参与到 2022 中国大学生机械工程创新创意大赛的国赛初赛。五月末到八月中旬,我们要学会掌握一门软件并且运用其结合大赛主题独立创新出合适的机械结构,时间十分紧张,同时,六月份课程繁重,有各类考试安排,这使得我们的工作进程受阻。在课程考试之余,我抓紧时间利用视频教学来学习 Inventor 软件,争取基本掌握软件的操作以便于后续机械结构建模的推进。同时,我与队友、老师通过会议进行沟通交流,反馈学习进程并提出自己的想法。此次大赛以水果采摘为主题,结合以往相关资料,经团队综合考虑,我们选定了诸如苹果、梨子这样一类型的树果为采摘对象,结合网上相关视频资料,经过多次开会研讨后,最终确立了三个主要核心创新点,并根据相关要求再进一步细化要求。

七月份是比赛的主要备战期。大赛主要分为机械结构建模、动画结构设计,以及最后相应文件的撰写三个部分。我主要负责项目前期的机械结构建模。建模听起来可能相对于后两者较为容易,但是建模作为基础,其重要性也是不容忽视的。同时,大赛指定了建模软件,因此我也多了学习、熟悉软件这一任务。比赛建模不同于之前的图纸建模,需要进行各个零部件的数据以及装配体的展示。团队研讨主要侧重于创新点的结构设计,队友们相互交流各自的想法再最终确立设计。但是,创新点的合理表达还是得由我落地。虽然大赛对项目整体的把控没有限制,但是更考验设计能力。对于每一步的设计以及相互之间的装配,也需要不断试错,我在试错中学习和得到锻炼,逐渐熟练掌握相关技能。机械专业的学生离不开机械画图,长时间的建模练习使我的画图与设计能力有了进一步的提高。当作品最终上交到大赛组委会,我们也终于能停下来休息一下。无论结果如何,至少这个夏天我努力了,当然也有好的比赛结果。

三、收获:充满喜悦

短学期实践过程伴随着自身知识的积累和能力的提升,在挥洒汗水后,最终将迎来收获的喜悦。无论是融入社会体验人生百态,结合专业提升自我技能,还是参加竞赛拔高创新科研能力,这些都将对我的学习成长有益。未来我将更加努力,期待更好的明天。

参 考 文 献

[1] 王武东,李小文,夏建国.工程教育改革发展和"新工科"建设的若干问题思考[J].高等工程教育研究,2020(1):52-53.

[2] 吴岩.高等工程教育的未来——对高等教育未来的战略思考[J].高等工程教育研究,2018(11):1-3.

[3] 陈步云.2018年度高校实践育人研究[EB/OL].[2020-07-08]:http://sjyr.bjfu.edu.cn/wxzl/347821.html.

后 记

经过两年多的梳理、思考、准备和写作,终于完成了《短学期实践指南——湖北工业大学实践育人探索成果》的编写,这是一个承前启后的里程碑。通过本书,我们系统阐述了关于湖工大开设短学期实践与深化"721"人才培养模式改革的系统性思考,梳理了短学期实践从1.0版至2.0版的发展脉络,介绍了推动短学期实践走深走实的系列举措与实施流程,分享了部分湖工大学子短学期实践案例。我们看到,通过实践,湖工大学子在思想品德、社会责任、人际交往、专业素养、实践能力、综合素质等方面有了显著的成长。也有许多老师在指导学生实践的同时,密切了学校与社会、企业、基层的联系,并就相关课题展开了合作,取得了有益的收获。《短学期实践指南——湖北工业大学实践育人探索成果》在华中科技大学出版社的支持下付梓,我们以此为师生开展实践提供参考与借鉴,期待更多的师生投身实践,助力学生的成长与发展,推动教育教学实践向更深更广的方向发展。同时,希望得到大家的宝贵经验,持续充实与丰富本书内容。

我要特别感谢历届校领导对短学期实践工作给予的大力支持,感谢教务系统、学工系统的老师和辅导员们的大力协助,感谢各专业的老师在短学期实践中的精心付出,感谢为此书提供材料的教师、管理人员和学生。

龚发云

2023年10月24日